Robert Nelson Corwin

Entwicklung und Vergleichung der Erziehungslehren von John Locke und Jean-Jaques Rousseau

Robert Nelson Corwin

Entwicklung und Vergleichung der Erziehungslehren von John Locke und Jean-Jaques Rousseau

ISBN/EAN: 9783744709101

Hergestellt in Europa, USA, Kanada, Australien, Japan

Cover: Foto ©ninafisch / pixelio.de

Weitere Bücher finden Sie auf **www.hansebooks.com**

Entwicklung und Vergleichung

der

Erziehungslehren

von

John Locke und Jean-Jaques Rousseau.

Inaugural-Dissertation

zur

Erlangung der Doktorwürde

der

hohen philosophischen Fakultät der Grossh. Badischen Ruprecht-Karls-Universität zu Heidelberg

vorgelegt von

Robert Nelson Corwin.

Heidelberg.

Buchdruckerei zum Gutenberg von Carl Pfeffer, Heidelberg

1894.

Entwicklung und Vergleichung

der

Erziehungslehren

von

John Locke und Jean-Jaques Rousseau.

———·—◆—·———

Inaugural-Dissertation

zur

Erlangung der Doktorwürde

der

hohen philosophischen Fakultät der Grossh. Badischen Ruprecht-Karls-Universität zu Heidelberg

vorgelegt von

Robert Nelson Corwin.

Heidelberg.
Buchdruckerei zum Gutenberg von Carl Pfeffer, Heidelberg
1894.

Inhalts-Verzeichnis.

—····—

Erster Teil.

Die Lehre Lockes.

Zweiter Teil.

Die Entwicklung der Lehre Rousseaus und ihre Vergleichung mit der Lehre Lockes.

Dritter Teil.

— · · ⇒ ■ ⇐ · —

Berichtigung.

Seite 20 Zeile 17 ist statt Kraft und aktiver Kraft: Thätigkeit zu lesen.

Entwicklung und Vergleichung

der

Erziehungslehren

von

John Locke und Jean-Jaques Rousseau.

Nähere Bestimmung der Aufgabe.

Die Entwicklung der wissenschaftlichen Pädagogik ist eng verknüpft mit der Entwicklung der Philosophie im allgemeinen. Mit jedem Fortschritt in der Wissenschaft des Denkens geht ein solcher in der Erziehungslehre Hand in Hand. Dieses Abhängigkeitsverhältnis, in welchem die Pädagogik zur Philosophie steht, beruht darauf, dass aus der Philosophie sowohl das Endziel, nach welchem die Erziehung streben soll, als auch die Mittel zur Erreichung dieses Zieles sich ergeben. Eine neue Wissenschaftslehre und Ethik hat daher notwendig eine pädagogische Reform im Gefolge, und jede wesentliche Neuerung in den Zielen und Methoden der Erziehung setzt eine Entdeckung oder eine Änderung in der Erkenntnis- oder in der Sittenlehre voraus*)

Die Geschichte der Philosophie zeigt uns, dass das Abhängigkeitsverhältnis der Pädagogik zur Philosophie nicht neuern Datums ist. Schon mit den ersten Problemen über das Wesen und die Bestimmung des Menschen waren Fragen bezüglich seiner Erziehung und Bildung verbunden, und so haben zu allen Zeiten und bei allen Völkern die Ziele und Methoden der Erziehung, bis zu einem gewissen Grade, ihre Philosophie wiedergespiegelt.

Die klare Erkenntnis jedoch dieser Beziehung der Pädagogik zur Philosophie und die bewusste Anwendung dieser Erkenntnis ist hauptsächlich ein Ergebnis modernen Denkens; ganz besonders aber ist sie durch die Schriften der beiden

---

*) Darin besteht auch die Abhängigkeit der Pädagogik von der Erfahrung. Vergl. Herbart, Umriss pädagogischer Vorlesungen, herausgegeben von Wendt, Leipzig, 1890.

Männer, deren Theorien wir ins Auge fassen wollen, John
Lockes und Jean-Jacques Rousseaus, klar gemacht worden
und zur Anwendung gekommen und damit durch sie die Entwicklung der Pädagogik in so hohem Grade gefördert worden.
In Erkenntnistheorien und ethischen Systemen, welche der
Pädagogik direkte und zuverlässige Mittel und Methoden bieten
können, haben sie ihr eine sichere und dauernde Grundlage
gegeben; und auf solchen Grundlagen fussen alle folgenden
pädagogischen Bestrebungen bis auf die Jetztzeit.*)

Wie natürlich, wurden bald, infolge der Ähnlichkeit ihrer
Bestrebungen, die auf Reform der Ziele, Mittel und Methoden der Erziehung gerichtet waren, die Namen Lockes und
Rousseaus in Beziehung zu einander gebracht. Jedoch mussten
die auffallenden Gegensätze, welche zwischen den beiden Zeit-
altern, den Charakteren und den Schriften der beiden Männer
bestehen, ihr wahres Verhältnis verdunkeln.

John Locke wurde sechs Jahre nach dem Tode Bacons,
zehn vor der Geburt Newtons, und in demselben Jahre wie
Spinoza geboren (1632), „in einer Zeit allgemeiner Verwirrung,
welche bis jetzt gedauert", wie er selbst sagte. Sein Leben
fällt in die Zeit der englischen Revolution, ein Zeitalter, welches
durch die Verbreitung der empirischen Philosophie, das Auf-
blühen der Naturwissenschaften und durch wiederholte Er-
schütterungen von Staat und Kirche gekennzeichnet ist.

Acht Jahre nach dem Tode Lockes, vier bevor Leibnitz
starb, und zwölf Jahre vor Kant, wurde Rousseau geboren.
Er war also ein Jahr älter als Diderot, drei Jahre älter als
Condillac und Helvetius und fünf Jahre älter als d'Alem-
bert. Zu den stürmischen und unsicheren Zeiten Lockes
steht dieses übersättigte und verdorbene Zeitalter, welches der
französischen Revolution unmittelbar vorherging, in bemerkens-
wertem Gegensatz, „Car tel est notre plaisir" war nicht allein

---

*) Vergl. Herbart, Pädagogische Schriften. II, S. 329. Beyers
Bibl. päd. Classiker.

W. Gittschmann, Die Pädagogik d. John Locke, Köthen.
1881. S. 96.

E. von Sallwürk, Vorrede zur Emil-Uebersetzung, Langensalza, 1882.

der Grundsatz des Königs, sondern auch des gesamten Adels und der Geistlichkeit. Unterdrückung und Not war das Los des Volkes, jede Äusserung eines Freiheitsgedankens war mit einem Verhaftsbefehl bedroht.

Jeder Philosoph zeigt sich nicht nur als ein Kind seiner Zeit, sondern auch seines Volkes. Locke war ein Mann von unerschütterlicher Ruhe, von aussergewöhnlicher Klarheit der Auffassung; er war scharfsinnig, praktisch und leidenschaftslos. Sein Leben und seine Schriften stehen in natürlichem Einklang. Rousseau war von Natur reizbar und sinnlich. Sein ganzes Leben bietet das Bild planloser Unruhe, und seine Erziehung, wie seine Lebensführung und all sein Handeln, scheinen mehr das Werk des Zufalls oder Folge einer augenblicklichen Eingebung, als das Ergebnis reifer Erwägung zu sein.

Derselbe Gegensatz besteht auch zwischen den Schriften der beiden Männer. Die Werke Lockes atmen eine anspruchslose Ruhe und Behaglichkeit. Er überzeugt hauptsächlich durch Klarheit und Einfachheit; überall merkt man, wie systematisch und sorgfältig er sich alles überlegt hat. Von diesem Grundzug in den Schriften des Engländers sticht der feurige und leidenschaftliche Stil des Franzosen grell ab. Da mischen sich mit den klarsten und schönsten Gedanken die bizarrsten und dunkelsten. Überall in seinen Schriften herrscht der Ton der Begeisterung, und der Leser wird mehr gewaltsam mit fortgerissen als durch Vernunftgründe überzeugt.

Andere Faktoren, welche geeignet waren, das Verhältnis der Lehre Rousseaus zur Lehre Lockes zu verdunkeln, sind: seine ausgesprochene Abneigung gegen die Philosophie im allgemeinen [1]), sein Bestehen auf der Unabhängigkeit und Ursprünglichkeit seiner Gedanken [2]) und der Umstand, dass er gerade die Punkte, in denen er sich von Locke unterschied, besonders

---

[1] Oeuvres Tome III (Émile), S. 280 ff, 312 ff, 320, 342.
Die Citate folgen der Pariser Ausgabe von 1839, Oeuvres complètes de J.-J. Rousseau avec des notes historiques par G. Petitain, und der Emil-Übersetzung von E. von Sallwürk, 2 Bde., Langensalza, 1882, in Beyers Bibl. päd. Klassiker VIII.

[2]) Tome III, S. 104, 309, 314, 325, 336.

hervortreten lässt. [1]) Er scheint in der That selbst vollständig
von der Wahrheit des Satzes überzeugt gewesen zu sein, welchen
wir in seiner Vorrede zum Émile lesen: „Ce n'est pas sur
les idées d'autrui que j'écris; c'est sur les miennes." [2])

Das allgemeine Verhältnis Rousseaus zu Locke hat Kuno
Fischer in seiner Darstellung der Pädagogik Lockes in folgender Weise treffend gekennzeichnet: „Wie Locke durch seine
Staatslehre Montesquieu wegweisend vorangeschritten ist, so
verhält er sich ähnlich durch seine Erziehungslehre zu Rousseau,
nur dass die Nachwelt unter dem vorherrschenden Eindruck
der französischen Schriftsteller die Herkunft derselben von dem
englischen Philosophen zu lange vergessen und erst der histori-
schen Belehrung bedurft hat, um auf Locke zurückzublicken.
Das gilt namentlich von Rousseaus pädagogischer Dichtung in
Rücksicht auf jene Schrift, die Locke ebenso bescheiden als
richtig „einige Gedanken über Erziehung" nannte. Freilich liegen
zwischen dem Locke'schen Versuch und Rousseaus „Émile"
fast siebenzig Jahre, und nimmt man dazu, wie verschieden die
beiden Schriften sind in Composition und Schreibart, wie verschieden die beiden Zeitalter in ihrer Empfänglichkeit für den
Gedanken einer neuen Erziehung, endlich wie Rousseau selbst
in Hinblick auf Locke weniger seine Herkunft als seinen Gegensatz hervorhebt, so erklärt sich leicht, dass man zunächst nicht
aufgelegt war zu einer kritischen Vergleichung. Locke gab eine
Sammlung guter Rathschläge, gelegentlich niedergeschrieben,
wenig systematisch geordnet, für den Vater seines Zöglings bestimmt, für das Haus und den Privatgebrauch berechnet, auf
den Wunsch einiger Freunde veröffentlicht, in ihrer Wirkung
auf die Kreise empfänglicher Familien beschränkt. Rousseau
gab einen Roman, eine pädagogische Robinsonade, die mitten
in einer verdorbenen und der eigenen Bildung übersatten Welt

---

[1]) Sie betreffen: das Raisonnieren mit den Kindern, Tome III,
S. 76 ff.: die Freigebigkeit, S. 95; die Abhärtung, S. 128 ff.: das Lernen
eines Handwerks, S. 221 ff.: die Geister- und Göttervorstellung, S. 206 ff.;
das Lesenlernen, S. 113; den Substanzbegriff, S. 327 u. s. w.

[2]) Tome III, S. 5.

den Eindruck einer Rettung des Menschengeschlechts machen wollte und machte."*)

Die pädagogischen Theorien der beiden Männer wurden nun durch diese mannigfaltigen Einflüsse derart miteinander verquickt, und in so hohem Grade sind sie ein Teil unseres eigenen Denkens geworden, dass wir uns ihrer Herkunft und ihrer Stellung zu einander nicht mehr bewusst sind.

Wenn wir aber ihre Ansichten richtig verstehen und sie nach ihrem wahren Werte schätzen wollen, müssen wir sie als Stufen in der allgemeinen philosophischen Entwicklung betrachten, die Verhältnisse ins Auge fassen, aus welchen diese Lehren erwachsen sind und untersuchen, inwieweit sie durch die frühere Philosophie vorbereitet und bedingt waren; sodann müssen wir ihre Beziehungen zu einander ermitteln und so klarstellen, wie viel beide für sich zur allgemeinen Entwicklung der Pädagogik beigetragen haben.

Die Aufgabe der vorliegenden Arbeit ist also, kurz zusammengefasst, die pädagogischen Ansichten Lockes und Rousseaus zu entwickeln und zu vergleichen und so deren Entstehung und Beziehung zu einander darzulegen und festzustellen.

Philosophische Vorbedingungen der Systeme von Locke und Rousseau.

Die neuere Philosophie war bestrebt, ihre eigenen Wege einzuschlagen. Sowohl Bacon als Descartes sind von ihrer Unabhängigkeit von der ganzen früheren Philosophie überzeugt. Aber gerade diese barg die Keime des modernen Denkens in sich und hat mittelbar die Entwicklung desselben angeregt und bestimmt.

Die scholastische Philosophie war zum dogmatischen Formelkram herabgesunken, der nicht mehr zu überzeugen oder auch nur die unbestreitbarsten Thatsachen zu erklären vermochte. Die alten Systeme entsprachen nicht mehr den Bedürfnissen und Forderungen der neuen Kulturstufe, und immer weiter wurde die Kluft zwischen den Lehren der Philosophie, die immer noch

---

*) Kuno Fischer, Francis Bacon und seine Nachfolger. 2. Aufl. Leipzig, 1875. S. 644 f.

die Dienerin der Kirche war, und den seit Kopernikus und
Galilei durch die Erfahrung erwiesenen Thatsachen.

So war denn das Ansehen der Alten erschüttert, und der
zweifelnde und nach Wahrheit durstende Geist wandte sich
schliesslich der Erforschung der Natur zu, um in ihr Befriedigung
zu finden, und indem er die Natur erforschte, legte er den
Grund zu einem sicheren Wissen.

Diese Erkenntnis, dass die Natur besser auf dem Wege
der unmittelbaren Forschung als auf dem der Spekulation verstanden werden könne, führte dann auch zu jenen grossartigen
Erfindungen und Entdeckungen, welche den Uebergang aus dem
Mittelalter in die Neuzeit bezeichnen.

Diese geistige Umwälzung machte sich auch in der Pädagogik geltend. Immer lauter wurde die Polemik gegen die herrschende Methode, und immer vernehmlicher wurde die Forderung,
die Schulen den neuen Kulturbedingungen entsprechend zu re-
formiren. Dieser stürmische Geist äussert sich am lebendigsten
und klarsten in den pädagogischen Schriften von François
Rabelais (1483—1553),[1] Michel de Montaigne (1533—
1592)[2] und den Jansenisten der Abtei Port Royal — welche
alle auf die Fehler des bestehenden Erziehungssystems und auf
die Wege zur Reform hinwiesen.

Keiner wagte sich jedoch an ein zusammenhängendes
System der Pädagogik. Ein solches war nur denkbar, sobald
die Philosophie die mannigfaltigen und verworrenen Gedanken
dieser Uebergangszeit geprüft und geordnet. Das war die Aufgabe, welche die neuere Philosophie vorfand, bei deren Lösung
sie von jener Unsicherheit und jenem Zweifel ausging, der keine
Autorität prüfungslos anerkennt und unbeirrt die Wahrheit sucht.

Dies ist auch der gemeinsame Weg, den Bacon und Des-

---

[1] Besonders in seinem „Gargantua und Pantagruel" 1532—1552.
Vgl. Fr. A. Arnstädt, François Rabelais und sein Traité d'éducation u. s. w. Leipzig, 1872.

[2] Sieh Essais de Michel de Montaigne avec des notes de tous les
commentateurs par M.-J. Leclerc. Paris, 1866. IV Tomes, Tome I,
S. 131, 192f., 208, 210, 219, 224f., II. S. 82, 85, 90. Lamettrie erklärte Montaigne für den ersten Franzosen, der zu denken ge-
wagt habe.

cartes einschlugen; dann jedoch trennten sich die Pfade der beiden Begründer der neuern Philosophie. Descartes behauptet nämlich, dass die Erkenntnis ihre Grundlage in dem durch Zweifel erregten Denken habe; Bacon, dass das Denken voll Irrtümer sei und oft irreführe. Daher erklärt Descartes die durch den Verstand oder durch das klare Denken erworbene Erkenntnis für die wahre; Bacon dagegen ist von der Priorität und Zuverlässigkeit der sinnlichen Erkenntnis oder der Erfahrung überzeugt.

Aus dem ersten Axiom folgt notwendiger Weise die Annahme angeborener Ideen. Denn wenn die Erkenntnis auf dem Denken beruht, dann müssen die Ideen vor der Erfahrung, d. h. angeboren sein, wenn dagegen die Erfahrung die erste Quelle der Erkenntnis ist, so folgt daraus notwendig die Verneinung angeborener Ideen; denn die Erkenntnis, die erst durch Erfahrung erworben wird, kann nicht ursprünglicher Besitz sein.

Wer aber in der Erfahrung die einzige Quelle und Grundlage der Erkenntnis sieht, muss sich einer planmässigen und objektiven Beobachtung und Erforschung der Natur widmen. An die Stelle abstrakter Gedanken und der unfruchtbaren Vergleichung von Worten und Sätzen setzte daher Bacon das konkrete Studium der Wirklichkeit. Er ersetzte das formelhafte deduktive Verfahren durch das geduldige Erforschen der Thatsachen, wie die Natur sie darbietet.

Der Gegenstand der Wissenschaft ist also nach Bacon die Natur. Diese Wissenschaft muss jedoch ein getreues Abbild der Natur sein. Man darf daher nicht, wie es beim deduktiven Verfahren geschieht, Naturgesetze als etwas gegebenes vorausnehmen, sondern muss vielmehr durch Anschauung und Beobachtung in ihre Geheimnisse eindringen und ihr Wesen kennen lernen. Nur auf diese Weise kann wirkliche Erkenntnis erlangt werden, und da Erkenntnis und Macht sich decken, so können wir nur auf diese Weise Macht über die Natur gewinnen. Daher Bacons Forderung: der Natur zu folgen, um sie beherrschen zu können. Dieses Ziel kann nur durch Induction und Experiment erreicht werden.*)

---

*) Novum Organum CXXIX ff. Vgl. LXXXI.

So führte Bacons Princip, dass Erkenntnis aus der Erfahrung stammt, notwendigerweise zum Naturalismus und Realismus, zwei tief in die Entwicklung der Philosophie und Pädagogik eingreifenden Richtungen.

Das „Naturam sequi" ist zwar schon bei den Alten leitender Grundsatz gewesen; besonders in der Verfallszeit der alten Philosophie war dies der Prüfstein aller ethischen Systeme. Wie unversöhnlich auch der Gegensatz zwischen den Stoikern und Epikureern in allem übrigen war, beide Schulen glaubten doch beweisen zu müssen, dass ihre Lehren der Natur entsprechend seien. Aber es blieb Bacon vorbehalten, den Anschauungen des Naturalismus Leben und Gestalt zu geben. Durch sein induktives und experimentelles Verfahren wurde das Studium der Natur zu einem systematischen und stufenweise fortschreitenden erhoben.

Bacons Forschungen waren auf die Aussenwelt gerichtet. Da jedoch der Vermittler der Erfahrung der Geist ist, so macht dies die Ergründung der Gesetze der menschlichen Denkthätigkeit notwendig und führt zur Anwendung dieser Gesetze auf dem Gebiet der Forschung. Wenn Erkenntnis nur durch Erfahrung möglich ist, was sind die Mittel und Grenzen der Erfahrung?*) Das ist die Aufgabe, die sich Locke stellt, und um sie zu lösen, sucht er den Urzustand des menschlichen Verstandes zu erforschen, des einzigen Werkzeuges und der einzigen Quelle der Erfahrung.

Diese systematische Erforschung der Mittel und Grenzen der Erkenntnis bildet in der Pädagogik wie in der Philosophie eine neue Epoche. Von Lockes Untersuchung des menschlichen Verstandes datiert also die systematische und wissenschaftliche Behandlung der Erziehungslehre.

Auf den Schultern Bacons stehend hatten Wolfgang Ratichius (1571—1635) und Amos Comenius (1592—1670) eine Neugestaltung des Schulwesens erstrebt. Während jedoch diese Männer nur die auffallendsten Fehler des bisherigen Systems entdeckten und Abhilfe suchten, bewies Locke durch seine Untersuchungen die Hinfälligkeit des ganzen bisherigen Er-

---

*) Kuno Fischer, Francis Bacon und seine Nachfolger. 2. Aufl. Leipzig, 1875. S. 547.

ziehungswesens und schlug die Mittel zu dessen Verbesserung vor.[1]) Seit Lockes Untersuchungen hat es die Pädagogik mit dem menschlichen Verstand zu thun, als mit einem Objekt, dessen Gesetze bekannt sind, und nicht mit unberechenbaren Kräften, welche die Ergebnisse jeder Erziehungsthätigkeit zweifelhaft machen.

Zur Untersuchung aber der natürlichen Gesetze des menschlichen Verstandes gehörte notwendigerweise auch die Untersuchung des Naturzustandes der Menschheit. Dies war Rousseaus Problem: die Menschheit in ihrer ursprünglichen Reinheit kennen zu lernen, und sie durch die Erziehung vor Entartung zu schützen. Wie Lockes Philosophie unmittelbar aus der Bacons erwachsen ist, so stehen Rousseaus Untersuchungen in unverkennbarer Beziehung zu Lockes Philosophie. Locke sucht den Urzustand des menschlichen Geistes festzustellen, Rousseau den der Menschheit. Locke zeigt, woher alle vorhandenen Ideen kommen, Rousseau woher alle herrschenden Uebel.

Lockes „Versuch über den menschlichen Verstand" wurde in Frankreich hauptsächlich bekannt durch die Uebersetzung von Pierre Coste, welcher 1698 Hauslehrer bei Lockes Freundin Lady Masham geworden und seitdem in beständigem Verkehr mit Locke geblieben war.[2])

Lockes „Gedanken über Erziehung" wurde von demselben Schriftsteller übersetzt und erschien zuerst 1695.[3])

Da Locke also der erste war, der es unternahm, das

---

[1]) Bacon erwähnt die Pädagogik als ein „Desideratum" unter den zu bearbeitenden Wissenschaften, und es war seine Absicht, ein Werk über die Pädagogik zu schreiben. Sieh The works of Francis Bacon, baron of Verulam etc. Spedding, Ellis and Heath, London, 1862—70. Vol. VIII.

[2]) Seiner Uebersetzung legte er die vierte Ausgabe zu Grunde; sie erschien in Amsterdam in den Jahren 1700, 1729 u. s. w.

[3]) Vgl. Lord King, The life of John Locke, with extracts from his corresp. etc. London 1830. 2 Bde. Vol. I, 357, ferner Ueberwegs Grundriss d. Gesch. d. Phil. d. Neuzeit, 7. Aufl. Berlin 1888, S. 155. Ueber die französischen Schriftsteller, die Lockes „Gedanken" benützt haben, s. von Sallwürks Uebersetzung dieser Schrift. Langensalza, 1883, S. LXV.

Wesen und die Kräfte des menschlichen Verstandes empirisch zu untersuchen und zu analysieren, so müssen wir bei der Besprechung des Verhältnisses zwischen den Theorien Lockes und Rousseaus zunächst Lockes Erkenntnislehre, Ethik und Erziehungslehre darlegen, damit wir einen Massstab gewinnen, nach dem wir Rousseaus übereinstimmende oder abweichende Ansichten beurteilen und sehen können, inwieweit dieser Locke gefolgt oder von ihm unabhängig und ursprünglich ist.[1]

Erster Teil.

Die Lehre Lockes.

1. Die Erkenntnislehre.

Lockes Untersuchungen bezwecken „eine kurze und wahre Darstellung der ersten Anfänge des menschlichen Wissens zu geben und zu zeigen, woher die Seele ihre ersten Gegenstände hat, und auf welchen Wegen sie ihre Vorstellungen allmählich sammelt und aufhäuft, aus denen das ganze Wissen sich bildet, dessen sie fähig ist."[2]

Bei dieser Untersuchung war Locke jedoch Ausgangspunkt und Methode von Bacon gegeben. Bacon schliesst nämlich das erste Buch des Novum Organum, in welchem er ganz im Einklang mit seinem Satz, dass das spekulative Denken Irrtum erzeuge, die Zuverlässigkeit dieses Verfahrens widerlegt, und welches er daher die „pars destruens" seiner Lehre nennt, mit der Mahnung: „ut receptas opiniones et notiones deponerent." Der menschliche Geist ist voll Irrtümer und muss, um zur wahren Erkenntnis zu gelangen, von jeder vorgefassten Meinung befreit werden. Den so für die Aufnahme der Erkenntnis

[1] Vgl. Gitschmann, Die Pädagogik des John Locke. Köthen. 1881, und „Lockes Vorgänger in der Pädagogik", in der Einleitung zu der Uebersetzung von E. von Sallwürk, S. LV.

[2] Essay, II, ch. 11, § 15. Uebersetzung v. J. H. v. Kirchmann. „Phil. Bibl." Bde. 50. 51.

vorbereiteten Geist nennt Bacon: „expurgata et abrasa et aequata mentis area." [1]) Diese „abrasa mentis area" ist Lockes „tabula rasa" [2]) und das erste Buch des Versuchs über den menschlichen Verstand, in welchem Locke durch negative Beweisgründe, die er aus der Erfahrung herleitet, die Cartesianische Annahme angeborener Begriffe widerlegt, bildet eine passende Fortsetzung zu dem vernichtenden Teil der Baconischen Lehre. [3])

In diesem Teil seines „Versuchs", welcher dem Nachweis gewidmet ist, dass es keine angeborenen Ideen, noch auch theoretische oder praktische Grundsätze gebe, legt Locke durch seine materialistischen Vergleiche einen irreführenden Nachdruck auf das passive Verhalten des Geistes in seinem Urzustand.

---

[1]) Kuno Fischer, F. Bacon und s. Nachfolger. Leipzig. 2. Aufl. 1875, S. 546 ff.

[2]) Ess. II, ch. 1, §§ 1, 2. Schon Aristoteles hat diesen Vergleich gemacht, De anima, III, 4.

[3]) Einige haben Bacons Einfluss auf Locke unterschätzt, weil dieser in seinem „Versuch" seine Abhängigkeit von ihm nicht besonders hervortreten lässt. Aber obgleich nur wenige Stellen darin einen besonderen Einfluss Bacons zeigen, (z. B. II, ch. 12, § 1; IV, ch. 17, § 4.), so kann es doch dem aufmerksamen Leser nicht entgehen, dass das ganze auf Bacon beruht. In der „Leitung des Verstandes" (Conduct of the Understanding) jedoch, welche Locke als letztes Kapitel und praktischen Anhang seinem „Versuch" hinzufügen wollte (vgl. Brief an Molyneux vom 9. April 1697, Fox-Bourne, The Life of John Locke, 1876, 2 Bde. 1. 446), verrät jede Zeile ihre Herkunft von Bacon. Im Eingang dieser Schrift beruft er sich ausdrücklich auf „den grossen Lord Verulam" als seine Autorität in seinem Verlangen nach besseren Methoden. Schon 1660 finden wir in seinem Tagebuche einen Ausspruch Baconischer Richtung: „Die Notwendigkeit war die erste Erfinderin der Moralphilosophie und die Erfahrung war ihre erste zuverlässige Lehrmeisterin." (Abgedr. bei Fox-Bourne Vol. I.) Ferner finden wir in seiner Schrift „De arte medica" (Fox-Bourne, I. 226 ff.), welche aus der Zeit seiner frühen medicin. Studien stammt, einen glänzenden Angriff gegen die Gewohnheit, sich von Hypothesen leiten zu lassen. (Fox-Bourne II. 475). So war sein ganzes Leben, wie das seiner Freunde Boyle, Sydenham und Newton, dessen „Principia" in demselben Jahre erschienen, in welchem Locke seinen „Versuch" vollendete, der Forschung nach der Baconischen Methode gewidmet.

Er vergleicht ihn nämlich mit weichem Wachs,[1] mit Wasser,[2] weissem Papier,[3] oder mit einer „camera obscura."[4] Locke will mit diesen Vergleichen nicht nur veranschaulichen, dass der Geist ursprünglich gänzlich ohne Ideen ist, und dass er bei der Aufnahme derselben sich vollständig passiv verhält, sondern auch die Empfänglichkeit des Geistes für die Eindrücke, die er seine erste Fähigkeit nennt, versinnlichen.[5]

Die Annahme angeborener Ideen ist nach Lockes Behauptung nicht nur falsch, sondern auch unnötig, da es sich zeigen lässt, durch welche Mittel und auf welchem Wege die menschliche Erkenntnis erlangt wird.[6] Das macht Locke zu seiner Aufgabe.

Wenn der Geist also ursprünglich ohne Gepräge ist, und wenn seine erste Fähigkeit in der Empfänglichkeit für Eindrücke besteht, dann kann der Ursprung aller unserer Ideen nur in der Erfahrung liegen.[7] Wenn aber die Erkenntnis nur durch die Erfahrung möglich ist, dann müssen die Sinne die einzigen Vermittler zwischen dem Geiste und der Aussenwelt sein. Diese bieten durch Berührung mit den wahrnehmbaren Dingen dem Geiste seine mannigfaltigen Objekte dar, und so entsteht der erste Inhalt des Geistes.[8] Die so erworbenen Ideen bilden die Bedingung und Grundlage für jedes weitere Denken.[9] Alle Erfahrung besteht also in der Wahrnehmung.[10]

Wir werden uns aber nicht blos dessen, was ausser uns vorgeht, sondern auch der inneren Vorgänge selbst bewusst. Es giebt also Erfahrungen zweifacher Art, Ergebnisse der äusseren und der inneren Wahrnehmung, und der Satz: „Nil est in intellectu, quod non fuerit in sensu", muss, um im Sinne Lockes richtig verstanden zu werden, den

---

[1] Thoughts, § 217, vgl. § 176.
[2] Ebend. § 2.
[3] Essay II, ch. 1, § 2.
[4] Ebend. II, ch. 11, § 17.
[5] Ebend. II, ch. 1, § 24.
[6] Ebend. II, ch. 1, § 1.
[7] Ebend. II, ch. 11, § 16.
[8] Ebend. II, ch. 1, § 23.
[9] Ebend. II, ch. 1, §§ 3, 4, 10—20.
[10] Kuno Fischer, F. Bacon u. seine Nachf. 2. Aufl. S. 517 f.

Zusatz bekommen: externo et interno. Die erste Quelle der
Erfahrung nennt Locke „Sensation", die andere „Reflexion",
welche er bezeichnet als das Bewusstsein der Thätigkeit des
Geistes mit Bezug auf die durch die Wahrnehmung dargebotenen
Ideen. [1] Eine Idee ist also nicht nur jeder der Wahrnehmung
zugeführte Sinneseindruck, sondern jeder Zustand des Bewusst-
seinsvermögens. [2]

Hinsichtlich des Erkenntniswertes der durch die Wahrnehmung erhaltenen Vorstellungen unterscheidet Locke zwischen primären und sekundären Qualitäten. Die
ersteren sind diejenigen Eigenschaften, welche von der Natur
des Gegenstandes nicht trennbar sind; die letzteren sind solche,
die mit der Natur der Körper keine Aehnlichkeit haben, sondern
nur subjektive Zustände sind. [3]

Die Ideen, welche durch diese beiden Quellen, die Sensation und Reflexion, gewonnen werden, theilt Locke in einfache und zusammengesetzte. Erstere werden so genannt wegen der direkten und unmittelbaren Art ihres Eintritts
in den Geist. Sie werden vollständig passiv aufgenommen und
bilden die ursprüngliche Grundlage, auf der sich die zusammengesetzten Ideen aufbauen. [4]

Bei der Bildung der zusammengesetzten Ideen ist der Geist
jedoch nicht mehr passiv; er ist nicht mehr „intellectus patiens",
sondern „intellectus agens." Die Aufnahme einfacher Ideen fällt
zeitlich zusammen mit der Sensation, und der Geist fängt alsbald
an, diese Ideen zu zusammengesetzten Ideen zu verarbeiten. [5]

Aber auf welchem Wege und durch welche Kräfte werden
die einfachen Ideen verarbeitet, und was ist der Verstand?

Erzeugen kann die Seele Vorstellungen nicht, noch zer-
stören, doch bildet sie aus einfachen zusammengesetzte. [6] Zu

---

[1] Ess. II, ch. 1, § 4. [2] Ess. I, ch. 1, § 8. [3] Ess. II, ch. 8, §§ 9—26.
[4] Ess. II, ch. 2, § 1, vgl. II, ch. 1, § 25.
[5] „Wenn der Verstand mit diesen einfachen Vorstellungen ange-
füllt ist, so kann er sie in beinahe endloser Mannigfaltigkeit wiederholen, vergleichen, verbinden, und so nach Belieben neue zusammengesetzte Vorstellungen bilden." Ess. II, ch. 2, § 2, vgl. Ess. II, ch. 1,
§§ 2, 3.
[6] Ess. II, ch. 12, § 1. Vgl. Kuno Fischer, F. Bacon und seine
Nachfolger, S. 566 ff.

diesem Behufe muss sie dieselben festhalten können; dies geschieht durch das bei der Wahrnehmung mitwirkende Merken
(retention). Dieses äussert sich 1. als Betrachtung (contem-
plation), 2. als Gedächtnis, welches „gleichsam die Niederlage
unserer Vorstellungen" ist. [1]) Aufmerksamkeit, Wiederholung,
Lust und Schmerz befestigen die Eindrücke; auch kann der
Wille eine neue Wahrnehmung derselben wieder hervorrufen,
gleichsam „eine zweite Perception." [2])

Um zweckdienlich zu sein, muss das Gedächtnis deutlich
bestimmte Ideen enthalten. Mehrere andere Fähigkeiten unter-
stützen das Gedächtnis, indem sie den Vorrat von Vorstellungen,
die sonst leicht ineinander fliessen würden, ordnen und in
Gruppen einteilen. [3]) Diese nächsten Verstandesoperationen sind:
die Unterscheidung (Discerning), das Vergleichen (Comparing),
Verknüpfen (Compounding) und Abstrahieren (Abstracting).

Hand in Hand mit diesem Merken und Ordnen der Ideen
geht die Erfindung der Zeichen, durch welche diese Ideen, sowie ihre Beziehungen ausgedrückt werden. Das Verallgemeinern
der Begriffe durch Abstraktion macht es unnötig, für jede Idee
ein besonderes Wort zu erfinden. [4])

Das sind also die verschiedenen Fähigkeiten, welche zusammen das Denkvermögen des menschlichen Intellekts ausmachen, und welche Locke den menschlichen Verstand nennt.

Die zusammengesetzten Ideen, welche der Geist durch das
Denkvermögen erzeugt, führt Locke auf drei Klassen zurück,
nämlich auf die Ideen: 1. der Erscheinungsarten oder Modi; 2. die
der Wesenheiten oder Substanzen; 3. die der Beziehungen oder
Relationen. [5])

1. Unter den zahlreichen Modi werden besonders hervorgehoben die Vorstellungen von Raum und Zeit, Kraft, Wille
und Freiheit.

Die Vorstellung des Raumes wird erzeugt durch Gesichts-
und Tastempfindung, die der Zeit durch die Beobachtung des

---

[1]) Ess. II, ch. 10, § 2.
[2]) Ess. II, ch. 10, §§ 8—10.
[3]) Ess. II, 11. § 1.
[4]) Ess. II, 11, §§ 2—9.
[5]) Ess. II, ch. 12, §§ 3—8.

Verlaufs der Vorstellungsreihen im Geiste. Diese Idee fällt aber mit der Idee der Bewegung eben so wenig zusammen wie die Idee des Raumes mit der Idee der Ausdehnung. [1]

Die Vorstellung der Kraft gewinnen wir aus der Wahrnehmung der Thätigkeiten in oder ausser uns. Thätigkeiten, die wir erkennen können, giebt es in letzter Instanz nur zwei: Denken und Bewegung; und da das Denken ein Modus ist, so ist es nicht das Wesen, sondern nur eine Thätigkeit der Seele. [2]

Die einzige erkennbare Kraft, welche geistige und leibliche Bewegung hervorbringend wirkt, ist der Wille. Wille und Verstand sind also zwei verschiedene Agentia. [3]

Die Kraft, eine Handlung gemäss der Bestimmung des Verstandes auszuführen oder zu unterlassen, nennt Locke Freiheit. Der Wille bezieht sich allein auf das Wollen, die Freiheit auf das Können. Darum ist die Freiheit keine Eigenschaft des Willens, sondern des wollenden Wesens. [4]

2. Die Idee der Substanz bildet die Seele, indem sie für eine Anzahl einfacher Vorstellungen, die stets mit einander gehen, und deren Fürsichbestehen sie nicht denken kann, ein Unterliegendes (Substrat) annimmt, in dem sie bestehen und von dem sie ausgehen; dieses Unterliegende wird deshalb die Substanz genannt. [5] Doch sind darum unsere Vorstellungen von geistigen Substanzen nicht minder klar und zuverlässig als von den körperlichen, und die Vorstellung von der Seele nicht minder klar als die vom Körper. Dies gilt auch von dem Begriff Gottes, den wir aus den Vorstellungen von Kraft und Dauer, Verstand und Willen ableiten.

3. Durch Vergleichung und Beziehung der Vorstellungen auf einander entstehen die Ideen der Relation. Dies sind

---

[1] Ess. II, ch. 13, § 11 ff., vgl. II, ch. 14, § 22.

[2] Ess. II, ch. 21, § 5.

[3] Ess. II, ch. 21, § 5.

[4] Ess. II, ch. 21, § 7 ff., vgl. Kuno Fischer, F. Bacon u. seine Nachfolger, S. 571 f., 575 ff.

[5] Ess. II, ch. 23, § 2. „So ist die mit dem allgemeinen Namen Substanz bezeichnete Vorstellung nur der angenommene, aber unbekannte Träger jener seienden Eigenschaften, die nach unserer Meinung „sine re substante" nicht bestehen können."

Ideen von den Beziehungen der Dinge zu einander. Solcher Relationen giebt es eine unendliche Zahl, denn es giebt kein Ding, das nicht selbst einer fast unendlichen Zahl von Relationen fähig wäre.

Die wichtigsten dieser Relationen sind: die Uebereinstimmung des Objekts mit sich selbst, oder die Idee der Identität[1]); die Beziehung der Wirkung auf ihre Ursache, oder die Idee der Causalität[2]); die Uebereinstimmung oder Nichtübereinstimmung der freiwilligen Handlungen mit ihren Regeln, oder die Idee der Moralität. Denn ohne Regeln, mit denen wir unsere Handlungen vergleichen könnten, gäbe es keine Idee der Moralität.[3])

Alle diese Arten der Vorstellungen sind unsere einzigen Erkenntnisobjekte und bilden darum die Grenze unserer Erkenntnis. Was nicht vorstellbar ist, ist nicht erkennbar. Erkenntnis aber ist nicht blos Vorstellung, weil diese nur eine Erscheinung getrennt von den Dingen ist, sondern die Einsicht in das Verhältnis der Vorstellungen. Darum stellt Locke als Kriterium der Wahrheit auf, nicht die Uebereinstimmung der Gedanken mit den Dingen, sondern der Gedanken unter sich.[4])

Die Erkenntnis, die wir aus den Vorstellungen schöpfen, ist teils intuitive oder anschauliche, d. h. solche, welche aus unmittelbarer Erfahrung als sicher sich ergiebt; teils demonstrative oder beweisbare, welche aus intuitiver Erkenntnis durch Schlüsse abgeleitet wird; und teils sensitive oder wahrnehmbare, welche sich auf sinnliche Vorstellung gründet.

Von unserem eigenen Dasein haben wir eine intuitive Erkenntnis, von dem Dasein Gottes eine demonstrative, von den übrigen Dingen eine sensitive. Das Gebiet der intuitiven und der demonstrativen Erkenntnis ist daher sehr beschränkt. Die intuitive Erkenntnis hat aber den stärksten Grad der Gewissheit, die sensitive den schwächsten. Unsere sichere Erkenntnis umfasst also nur ein sehr beschränktes Gebiet.[5]) Alles was ausserhalb dieses Gebietes ist, gehört dem Reiche der Wahrscheinlichkeit

[1]) Ess. II, ch. 27, § 1 ff.
[2]) Ess. II, ch. 26, § 1 ff.
[3]) Ess. II, ch. 28, § 4 ff.
[4]) Ess. IV, ch. 1, § 1 ff.
[5]) Ess. IV, ch. 2, § 1 ff.

an. Das Vermögen, das dieses beherrscht, ist die V e r n u n f t,
welche aus Wissen und Meinung besteht.[1]

So hat Locke den Ursprung und die Entwicklung aller
unserer Ideen und geistigen Vermögen klargelegt und uns gezeigt, inwiefern wir in dem Gebrauch derselben beschränkt sind.
Jeder Schritt von der Sensation zum Verstand, und von der
Vorstellung zur Erkenntnis ist von ihm genau verfolgt worden.

2. Die Ethik.
(Wille, Freiheit, Gott, Seele, Tugend und Natur.)

In einem Briefe, welchen sein Freund Molyneux am 27.
August 1692 an Locke richtete, heisst es: „Um eins muss ich
Sie recht dringend bitten, dass Sie nämlich die Menschheit zu
Dank verpflichten mögen, indem Sie eine A b h a n d l u n g
ü b e r d i e M o r a l schreiben auf Grund der in Ihrem „Ver-
such" häufig gemachten Andeutung, dass sie nach mathemati-
scher Methode beweisbar sei."[2] In der Erwiederung an seinen
Freund vom 20. September 1692[3] giebt Locke seiner Geneigt-
heit, auf diesen Plan einzugehen, Ausdruck, und aus einem
Schreiben vom 30. März 1696 geht hervor, dass er mit der
Sammlung des Stoffes für eine solche Arbeit beschäftigt war.
Diese Abhandlung wurde jedoch nicht geschrieben, und wir
müssen uns mit dem „Versuch" begnügen, wenn wir Lockes
Moralphilosophie kennen lernen wollen.[4]

In seiner Ethik ist Locke gleichwie in seiner Erkenntnistheorie ganz Empiriker. Die Ideen der Lust und der Unlust,
des Daseins, der persönlichen Identität, des Willens, der Freiheit, des Daseins Gottes und aller moralischen Relationen werden
aus der Erfahrung hergeleitet und begründet.

---

[1] Ess. IV, ch. 17, § 2.
Vgl. Em. S c h ä r e r, J, Locke, seine Verstandestheorie und seine
Lehre über Relig., Staat und Erziehung. Leipzig, 1860.

G. H a r t e n s t e i n, Lockes Lehre von der menschlichen Erkenntnis
im Vergl. mit Leibnizens Kritik derselben. Leipzig, 1870.

[2] The works of John Locke in three volumes, fol. London, 1714.
v. III, 502, vgl. Ess. III, ch. 3, § 8 und ch. 4, § 7.

[3] Works, vol. III, p. 504.

[4] Ebend. III, p. 546.

Das Prinzip, auf welchem Locke seine ganze Ethik aufbaut, ist das der **L u s t** und **U n l u s t**. Sie sind einfache Ideen der Sensation und Reflexion und sie lassen sich nicht weiter von anderen ableiten. Diese Affektionen gesellen sich zu fast allen unseren Empfindungen, und wären sie nicht vorhanden, so hätten wir keine Veranlassung, einen Gedanken oder eine Handlung einer anderen vorzuziehen. Wir würden dann weder unsern Körper bewegen noch unsere Seele in Thätigkeit setzen —. „In solchem Zustande würde der Mensch trotz seines Verstandes und seines Willens ein müssiges, unthätiges Wesen bleiben und seine Zeit in einem trägen tiefen Traume verbringen." [1]) Lust und Unlust sind also mit allen sinnlichen und geistigen Zuständen und Thätigkeiten verbunden, sie sind das einzige, was die Menschen bewegt, und auf diese Triebfedern wirkt die Moral ein. [2])

Zwischen der Lehre über Lust und Unlust und der Lehre von dem **W i l l e n** und der **F r e i h e i t** bildet die Idee der **Kraft** das Verbindungsglied. Von aktiver Kraft erkennen wir zwei Arten: Denken und Bewegung. Denken ist eine Thätigkeit des Geistes. Die Kraft aber, diese Thätigkeit des Geistes „zu beginnen oder zu unterlassen, fortzusetzen oder zu beenden", nur durch eine Wahl des Geistes, ist der **W i l l e**. Eine Anwendung dieser Kraft nennen wir einen Willensakt, und aus der Betrachtung der Anwendung dieser Kraft entstehen die Ideen der **F r e i h e i t** und der Notwendigkeit, welche sich nur auf das Können beziehen. [3])

Die Frage, ob der Wille frei sei oder nicht, erscheint daher von Lockes Standpunkt aus als absurd. Denn, sagt er, „es ist klar, dass der Wille nichts anderes ist als eine Macht oder ein Vermögen, und dass die Freiheit eine andere Macht oder ein anderes Vermögen ist; deshalb gleicht die Frage, ob der Wille Freiheit hat, der, ob die Kraft eine andere Kraft und ein Vermögen ein anderes Vermögen sei, welche Frage offenbar zu

---

[1]) Ess. II, ch. 7, § 3.

[2]) Ess. II, ch. 2, 8, §§ 4—6.

[3]) Ess. II, ch. 21, § 7. Vgl. „It is as insignificant to ask whether a mans will be free as to ask whether his sleep be swift or his virtue square." Ess. II, ch. 21, § 14.

widersinnig ist, als dass man sie zu beantworten oder gar über sie zu streiten brauchte."[1]

Locke schliesst also: „Man frägt nicht richtig, wenn man frägt, ob der Wille frei ist; sondern die Frage ist, ob der Mensch frei ist."[2] Worin besteht nun die Freiheit des Menschen? Darauf antwortet Locke: „Hierin besteht seine Freiheit; nämlich in dem Vermögen zu handeln oder nicht zu handeln, wie er wählt oder will."[3] Also kann der Mensch nur hinsichtlich der Wahl zu handeln oder nicht zu handeln frei genannt werden; an diese Wahl selbst aber ist er gebunden.[4]

Was bestimmt nun den Willen bei dieser Wahl? Hier nimmt Locke seine Zuflucht zu seinem Princip der Lust und Unlust. Das Verlangen nach Glück ist angeboren. Glück aber ist die Abwesenheit von allem Unbehagen. Jedes Unbehagen ist also von einem Begehren nach Befreiung begleitet, oder auch das Unbehagen ist ein Begehren. Dieses Begehren, welches mit den Ideen der Lust und Unlust eng zusammenhängt, und welches also mit dem Willen nicht verwechselt werden darf, ist das was den Willen bestimmt. Das drückendste Unbehagen also und nicht das grösstmöglichste Gut giebt dem Willen seine Richtung, denn man befindet sich oft in dem Zustand jenes Unglücklichen, welcher klagte: „video meliora proboque, deteriora sequor."[5]

Das Begehren nun oder das Wählen ist begründet in der Einsicht in die Folgen der beabsichtigten Handlung. Daher ist der Wille bei dieser Wahl oder Bevorzugung auf den Wert der gewünschten Handlung gerichtet. Jedem Akt des Willens geht demnach ein Akt des Denkens voraus, und das Endurteil dieses Denkens leitet den Willen, dieser ist also ganz abhängig

---

[1] Ess. II, ch. 21, §§ 16—19.

[2] Ess. II, ch. 21, §§ 21—56.

[3] Ess. II, ch. 21, § 27, vgl. § 71. „Liberty is a power to act or not to act as the mind directs." Vgl. § 10, § 25.

[4] „But the act of volition or preferring one of the two being that which he cannot avoid, a man in respect to the act of willing is under a necessity and so cannot be free." Ess. II, ch. 21, § 23.

[5] Ess. II, ch. 21, § 28 ff.

vom Verstand[1]) und gerade in dieser Beschränkung, welche der Wille von Seiten des Verstandes erfährt, besteht die wahre Freiheit, „sonst wären Narren die einzigen freien Menschen."[2])

Lust und Unlust auf ihre Ursachen bezogen nennen wir Gut und Uebel; denn Gut und Uebel sind nichts als das, was Lust und Unlust in uns verursacht.[3]) Damit es also sittlich Gutes oder Böses geben könne, müssen Verpflichtungen da sein, welche Lust und Unlust mit sich bringen.[4]) Die Gerechtigkeit des Lohnes und der Strafe, welche für Befolgung oder Nichtbefolgung solcher Verpflichtungen festgesetzt sind, ist bedingt durch das Bewusstsein, die Handlungen begangen zu haben (das Bewusstsein der persönlichen Identität).[5])

Solche Verpflichtungen findet er in drei Gesetzen, deren jedes seine Befolgung durch Lohn und Strafe anstrebt. Diese Gesetze, welche Locke nicht näher begründet, sondern empirisch vorgefunden hat, sind: das göttliche, das bürgerliche und das der Meinung. Das erste Gesetz ist die Abmessung der Sünde und der Pflicht; das zweite die des Verbrechens und der Unschuld; das dritte die der Tugend und des Lasters.

Das Gesetz der Meinung oder des guten Rufes, welches Locke auch das philosophische Gesetz nennt, bildet für die meisten Menschen die Richtschnur ihres Handelns. Dies ist natürlich und recht; denn da das, was jeder für nützlich und notwendig hält, das ist, was Ansehen und Achtung geniesst, und da nichts in der Welt so sehr zum Wohl der Menschheit beiträgt, als der Gehorsam gegen die von Gott gegebenen

---

[1]) „The will itself, how absolute and uncontrolable so ever it may be thought, never fails in its obedience to the dictates of the understanding." Conduct of the underst. Ch. I. (Works, Vol. III.)

[2]) Ess. II, ch. 20, § 50.

[3]) Ess. II, ch. 20, § 2, vgl. ch. 21, § 42.

[4]) Ess. II, ch. 21, §§ 32, 42, vgl. ch. 28, § 5.

[5]) Ess. II, ch. 27, §§ 25, 26, ferner: „Moral good and evil then is only the conformity or disagreement of our voluntary actions to some law, whereby good or evil is drawn on us from the will or power of the law-maker." Ess. II, ch. 28, § 5. „For since it would be utterly in vain to suppose a rule set to the free actions of man, without annexing to it some enforcement of good or evil to determine his will, we must, whenever we suppose a law, suppose also some reward or punishment annex'd to that law." Ess. II, ch. 28, § 6.

Gesetze, so muss die öffentliche Meinung im grossen und ganzen
übereinstimmen mit den Regeln, die von Gott in der Offenbarung gegeben sind. Einzelne Abweichungen sind nicht von
Belang und rühren her von der Verschiedenheit der Sitten bei
verschiedenen Völkern und zu verschiedenen Zeiten. [1]

Alle diese Gesetze sind demnach unter dem göttlichen
vereinigt, welches durch „das Licht der Natur oder die Stimme
der Offenbarung verkündet wird." Gottes Wille und seine Vorschriften sind der wahre Massstab der Tugend, und die Bevorzugung des Lasters vor der Tugend entsteht durch eine falsche
Abschätzung des Guten. So macht Locke die Religion zur
letzten Grundlage seiner Ethik. [2]

Da Locke seiner Ethik diese Grundlage giebt, so müssen
wir seine Beweise vom Dasein Gottes näher betrachten.
Von Gott haben wir nach Locke demonstrative Erkenntnis,
welche sich auf unsere intuitive Selbsterkenntnis gründet. In der
Welt giebt es nur Denkendes und Bewegtes. Das Bewegte aber
oder die Materie kann selbst sich weder schaffen noch bewegen,
und da das Denken nicht aus dem Nichtdenkenden hervor-
gehen kann, so muss es ein verursachendes Wesen geben und dieses
Wesen muss ein denkendes sowohl als ein schaffendes sein. [3]

Diese Gotteserkenntnis, die gegründet ist auf die Gewissheit
der inneren Erfahrung und Selbsterkenntnis, und die uns zur
Hingebung und Verehrung verpflichtet, stimmt mit der geoffen-
barten Religion überein. Als Offenbarung darf aber nichts gelten
was der Vernunft widerstreitet; im Christentum jedoch giebt
es manches, was über die Vernunft geht. [4]

Auch um die Unsterblichkeit der Seele zu beweisen,
bedürfen wir dieser Offenbarung. Das Wesen der Seele nämlich

---

[1] Ess. II, ch. 28, §§ 5—12.

[2] Indem Locke sich deswegen entschuldigt, dass er kein systematisches Werk über die Moral schrieb, sagt er in einem Briefe vom
30. März 1696 (Works, III, 545): „But the Gospel contains so perfect
a body of ethiks that reason may be excused from that Enquiry, since
she may find man's duty clearer and easier in Revelation than in
herself." S. 546.

[3] Kant über diesen Beweis, Kr. d. r. V. Hartenstein, 1867,
S. 561 f. Sieh oben S. 19 f.

[4] Ess. IV, ch. 18, § 5 ff.

besteht nicht im Denken, denn die Seele denkt nicht immer; wir sind auch nicht gewiss, dass die Seele etwas immaterielles ist, denn „wir haben wohl Vorstellungen von Materie und Denken, werden aber vielleicht nie im Stande sein zu wissen, ob irgend welche rein materielle Wesen denken oder nicht." [1]) So ist es innerhalb der Grenzen der reinen Vernunft und ohne Offenbarung unmöglich zu beweisen, dass die Seele nicht Materie sei. [2])

Von Natur ist der Mensch weder gut noch böse, denn diese Begriffe beziehen sich allein auf das Wollen; die Seele des Kindes aber ist bei der Geburt eine „tabula rasa" und der Wille existirt noch nicht. So auch ist der Naturzustand der Menschen kein Zustand der Zügellosigkeit, sondern ein Zustand der „Freiheit und Gleichheit", wo die Menschen als Brüder zusammenleben, und wo mit der Selbstliebe auch das Gefühl des Wohlwollens herrscht. Das Naturgesetz also, unter dem der Mensch steht, ist das der Vernunft. [3])

So überragt Lockes religiöser Geist seine ethischen Prinzipien und seine Ethik wird in letzter Linie die der christlichen Religion. [4])

3. Die Erziehungslehre im allgemeinen.

Auf der oben besprochenen philosophischen Grundlage beruht Lockes Pädagogik. Seine „Gedanken über Erziehung" und seine „Leitung des Verstandes" sind natürliche Fortsetzungen und Ergänzungen des „Versuchs über den menschlichen Verstand." Denn diese Schrift beleuchtet die Gesetze des Ursprungs und der Entwicklung des Denkens; jene zeigt, wie Geist und Körper sich diesen Gesetzen anzupassen haben. [5]) Locke hat jedoch in derselben diesen Zusammenhang nirgends dargelegt, — eine Thatsache, die ihre Erklärung darin findet, wie die „Gedanken" erschienen. Die Briefe, welche Locke sammelte und unter jenem Titel herausgab, waren in den Jahren 1685/92

[1]) Ess. IV, ch. 3, § 6, vgl. II, ch. 1, § 10.
[2]) Ess. II, ch. 27, § 27, vgl. Letter to Bishop of Worcester. Works, Vol. I, 356 f., 568—571.
[3]) Of Civil Government, Book II, ch. II, (Works, Vol. II, p. 160).
[4]) Vgl. Letter to Bishop of Worcester, Works, Vol. I, p. 343 f. und Second Letter concerning Toleration, Vol. II, p. 259 f.
[5]) Sieh Kuno Fischer, F. Bacon u. s. Nachf., 2. Aufl., Leipzig,

an seinen Freund Edward Clarke geschrieben, also teils vor,
teils nach der Vollendung des „Versuchs", und „in dem Stile
eines Mannes, der nachlässig an seine Freunde schreibt, der die
Wahrheit sucht, nicht den Schmuck, und der nur bedacht ist,
verstanden zu werden."[1]) Drei Wochen nach Molyneux' Bitte
um eine Methode der Erziehung gingen diese Briefe unter die
Presse, und die erste Ausgabe erschien ohne Lockes Namen.[2])
Aus diesen Gründen also citiert Locke den „Versuch" nicht,
und versucht in keiner Weise, die beiden Werke in Beziehung
zu einander zu setzen.

Der ganze Entwicklungsgang der Philosophie Lockes lässt
uns jedoch ein einheitliches System erwarten.

Im Winter 1670/71 fand das Gespräch statt, nach welchem
Locke die Entstehung des Versuchs datiert. Kurz vorher hatte
er im Hause des Lords Ashley seine Thätigkeit als Erzieher,
Staatsmann und Arzt begonnen.[2]) Fast zwei Jahrzehnte später
und in schneller Aufeinanderfolge erschienen seine Hauptwerke:

„Ein Versuch über den menschlichen Verstand.". 1690.

„Zwei Abhandlungen über Regierung." 1691.

„Einige Gedanken über Erziehung." 1693.

„Die Vernunftmässigkeit des Christentums." 1695.

Das sind nur verschiedene Gestaltungen der Locke'schen
Philosophie, die aber gemeinsames Wachstum und gemeinsame
Entwicklung gehabt haben. Besonders deutlich zeigt sich in dem
ganzen „Versuch" der Einfluss seiner erzieherischen Thätigkeit
auf seine philosophischen Studien an dem sorgfältigen Studium
der Kindernatur, welches derselbe aufweist.

Die grundlegende Bedeutung aber andererseits des „Versuchs"
für die „Gedanken über Erziehung" ist denjenigen Kritikern vollständig entgangen, welche in Lockes Werk nur eine Anwendung
der von Montaigne dargelegten Gedanken erblicken.[3]) Es fehlt

---

[1]) Fox-Bourne II, S. 189: „In the style which is such as a man
writes carelessly to his friends, when he seeks truth, not ornament,
and studies only to be in the right and to be understood."

[2]) Fox-Bourne, The Life of John Locke, 1876, 2 Volumes, Vol. I, 249.

[3]) Dr. Fr. A. Arnstädt, François Rabelais u. sein Traité d'Éducation mit besonderer Berücksichtigung der pädagogischen Grundsätze
Montaignes, Lockes und Rousseaus, Leipzig, 1872.

Vgl. Demogeot, Histoire de la littérature française, Paris, 1886, p. 292.

sogar nicht an äusseren Beweisen dafür, dass Montaigne keinen nachhaltigen Einfluss auf Locke ausübte. Locke wurde mit Montaignes „Essais" zuerst während seines Aufenthaltes in Holland bekannt, also zur Zeit, da seine Thätigkeit als Erzieher zu Ende war und seine pädagogischen Anschauungen bereits fest standen. Sodann findet sich in seinem Tagebuch unter dem 14. Februar 1684 folgende Beurteilung Montaignes: „Montaigne überzeugt ohne logisch zwingende Gründe in einem eigentümlichen guten, aber etwas nachlässigen Stil. Seine Essais sind ein Gewebe von nachdrücklichen Behauptungen, Sentenzen und poetischen Citaten, welche er so vereinigt, dass sie ausserordentlich überzeugend wirken. Er raisonniert nicht, sondern unterhält sich und Andere; er ist voll Stolz und Eitelkeit."[1]) Locke, dessen Grundsatz war, dass „die Vernunft selten oder nie diejenigen täuscht, die sich auf dieselbe verlassen"[2]), hat kein schärferes Verdammungsurteil über Montaigne aussprechen können, als indem er sagt: „Er raisonniert nicht" (he reasons not), und „er überzeugt ohne Vernunftgründe." Montaigne wird zwar einmal in den „Gedanken" citiert, aber die angezogene Stelle ist in den Essais nicht zu finden.[3])

Für Lockes Selbstständigkeit haben wir ferner das Zeugnis seines Schülers, des dritten Grafen Shaftesbury, dessen Erziehung vollständig in Lockes Händen gelegen hatte und vor Lockes Bekanntschaft mit Montaignes Essais beendet war. „Bei unserer Erziehung verfuhr Herr Locke nach seinen eigenen, seither von ihm veröffentlichten Prinzipien."[4])

Lockes Abneigung, der Autorität Anderer zu folgen, war ebenso stark wie die Bacons, und in seinen „Gedanken" wie in allen seinen Schriften „erhob er sich über den Almosenkorb, nicht zufrieden damit, träge von den Brocken erbettelter Meinungen zu leben."[5]) Ja so sehr war Locke gegen Autoritäten eingenommen, dass er auch wahrscheinlich weder Miltons[6])

---

[1]) Lord King, I, 296.
[2]) Conduct of the Understanding. ch. III. (Works Vol. III.)
[3]) Thoughts § 91.
[4]) Fox-Bourne, The Life of J. L. 1876. Vol. I, 424.
[5]) Ess. „Epistle to Reader."
[6]) „Of Education." To Master Samuel Hartlib, 1644.

noch Aschams [1]) Abhandlungen über Erziehung gelesen hat, welche beide manche Grundzüge der Reform enthalten und ihm sehr zugänglich waren.

Auch diejenigen Kritiker verkennen die psychologische Grundlage, welche Locke seiner Erziehungslehre in seinem „Versuch" gegeben hat, die seine „Gedanken über Erziehung" charakterisiren als allerlei äussere Regeln, die nur das unmittelbar Nützliche bezwecken. [2])

Um also Lockes „Gedanken über Erziehung" würdigen und seine Reform verstehen zu können, muss seine Erziehungslehre im Zusammenhang mit seinem „Versuch" betrachtet werden. Dabei muss man jedoch bedenken, dass Locke nicht beabsichtigt, eine vollständige und systematische Abhandlung über die Erziehung zu liefern. Gegen diese Annahme verwahrt er sich wiederholt. Was er so bescheiden „einige Gedanken über Erziehung" nennt, war für die Erziehung eines jungen Mannes von vornehmer Herkunft geschrieben. Hier kann nur der allgemeinere Teil des Werkes in Betracht kommen. [3])

1.) Möglichkeit und Grenzen der Erziehung.

Die bildende Kraft der Erziehung liegt im Wesen des Willens. Diejenigen also sowohl, welche in jeder Handlung ein Ergebnis der Prädestination erblicken, als auch diejenigen, welche den Willen als durch äussere Eindrücke nicht beeinflusst ansehen, müssen notwendigerweise auch den Einfluss der Erziehung leugnen. Da aber nach Locke der Wille durch die Einsicht geleitet und bestimmt wird, so ist die Ausbildung der Einsicht der Weg, auf welchem die Erziehung zum Ziel führen kann. „Hier liegt der Cardinalpunkt, durch welchen Locke der modernen Pädagogik den Weg gewiesen hat." [4])

---

[1]) „The Scholemaster", 1570. Reprint, London, 1863. Ascham war der Lehrer der Königin Elisabeth und der Freund J. Sturms. Vgl. „tabula rasa" bei Ascham, Scholemaster, S. 31.

[2]) Vgl. H. Hettner, Literaturgeschichte des 18. Jahrhunderts. 4. Aufl. Braunschweig, 1881, S. 165 f.

[3]) Thoughts, The Epistle Dedicatory und § 139, § 216.
Vgl. Herbart, Umriss pädagog. Vorlesungen, Einleitung § 3.

[4]) H. Schiller, Lehrb. d. Gesch. d. Pädag. Leipzig 1877, S. 136.

Der Wille ist vollständig von den Forderungen des Verstandes abhängig. Da nun der Verstand ursprünglich ohne jeden Charakter ist und hauptsächlich durch äussere Eindrücke ausgebildet wird, und da diese eine festbestimmte und regelmässige Wirkung haben, so schreibt Locke der Erziehung eine grosse Macht zu. Er sagt: „Ich darf wohl sagen, dass von allen Menschen, denen wir begegnen, neun unter zehn das, was sie sind, gut oder böse, brauchbar oder unnütz, durch ihre Erziehung sind." [1]) Und von Kindern sagt er: „Ich denke mir, dass der Geist der Kinder ebenso leicht nach dieser oder jener Richtung gelenkt wird, wie das Wasser." Ferner sagt er von seinem Zögling: „den ich bloss wie weisses Papier oder Wachs ansah, das man bilden und formen kann, wie es einem beliebt." [2]) Selbst auf Erwachsene hat nach Locke die Erziehung grossen Einfluss. [3])

Die bildlichen Ausdrücke, mit denen Locke die Empfänglichkeit des Geistes gekennzeichnet hat, haben zu der Ansicht verleitet, dass er der Erziehung einen unbegrenzten Einfluss zuschreibe, wie es Helvetius gethan hat. Dem jedoch ist nicht so. Obwohl er nämlich in der Erziehung eine grosse Macht erblickt, so setzt doch nach seiner Ansicht die natürliche Anlage des Kindes dem Einwirken derselben Schranken. [4]) Er geht sogar so weit, Fälle zu erwähnen, wo die Erziehung machtlos ist. [5])

2.) Notwendigkeit der Erziehung.

Wie sich aus Lockes Erkenntnistheorie ergiebt, legt er auf die Notwendigkeit der Erziehung grossen Nachdruck. Wenn die Vorstellungen gesetzmässig erhalten und gebildet werden, und wenn jeder äussere Eindruck den Verstand und

---

[1]) Thougts § 1.
[2]) Ebend. § 217, vgl. § 32. Cond. of Und. ch. III, IV, § 12. Ess. II, ch. 1, § 2.
[3]) Ess. II, ch. 21, § 69, Cond. of Und. ch. IV.
[4]) Thougts §§ 66, 87, 101, Cond. of Und. ch. II.
[5]) Thougts § 107, vgl. § 87, Macht der Physischen Erz. § 9.

den Willen beeinflusst, dann darf die Bildung und Ordnung
der Ideen nicht dem Zufall überlassen bleiben. Die Aufgabe der
ganzen Locke'schen Philosophie ist die Beseitigung falscher und
die Bildung klarer und richtiger Begriffe. Die letzte Ergänzung
seines „Versuchs" bildete die Schrift „Die Leitung des Verstandes" und er warnt wiederholt vor den Resultaten, welche
zu befürchten seien, wenn der Geist ohne Führung gelassen
werde. [1]

Die Erziehung muss daher die Bildung der Ideen über-
wachen und leiten. Eindrücke, welche der Geist mittelst der
Sinne empfängt, müssen in bestimmter Ordnung hervorgebracht
werden, um allmählich zu klarer Erkenntnis zu führen. Denn
Erkenntnis ist nur Einsicht in die Uebereinstimmung und den
Widerstreit unserer Ideen. [2]

3.) Ziel der Erziehung.

Jede Philosophie bildet sich unwillkürlich oder absichtlich
gewisse Ideale, denen sie nachstrebt. Dieses Ideal ist bei Locke
die Tugend, die er auf das Prinzip des Glückes und der Nützlichkeit gründet. [3] Sie bildet bei ihm das Endziel der Pädagogik. „Tugend also, aufrichtige Tugend, ist das schwierige
und wertvolle Teil, wonach in der Erziehung gestrebt werden
muss." [4] „Ohne sie, ist meine Ansicht, wird der Mensch weder
in dieser noch in jener Welt glücklich sein." [5]

Da aber die sozialen Gesetze der wahre Massstab für die
Tugend sind [6], so ist das Ziel die männliche Wirksamkeit im
Dienste der Gesellschaft, die praktische und nützliche Welt-

---

[1] Ess. II, ch. 10, §§ 5, 6.

[2] Ess. IV, ch. 3, § 1, vgl. Thoughts § 167.

[3] Ess. II, ch. 21, §§ 35—41.

[4] Thoughts, § 70.

[5] I place virtue as the first and most necessary of those endowments
which belong to a man or a gentleman; as absolutely requisite to
make him valued and beloved by others, acceptable or tolerable to
himself. Thoughts, § 135, vgl. §§ 134, 200.

[6] Sieh oben S. 22.

bildung, durch welche der soziale Wert und die öffentliche Wertschätzung des Individuums bedingt sind."[1]

Da ferner diese Nützlichkeit und Glückseligkeit zum grossen Teil hauptsächlich von der körperlichen Beschaffenheit abhängt, so bezeichnet Locke wiederum sein pädagogisches Ideal mit Juvenals Worten als „mens sana in corpore sano."[2] — „damit ist kurz und vollständig ein glücklicher Zustand in dieser Welt beschrieben."[3] Unter Glück versteht jedoch Locke nicht so sehr leibliches als vielmehr geistiges Wohlergehen. Auch darf das gegenwärtige Glück nicht dem zukünftigen Wohlergehen vorgezogen werden. Da nun die Tugend in der richtigen Abmessung des Guten besteht und der Wille von der Vernunft abhängt[4], so muss das Denkvermögen die Grundlage aller Tugend sein. Darum schliesst Locke: „Der wesentlichste Grund aller Tugend und alles Wertes beruht darin, dass ein Mensch fähig sei, seine eigenen Wünsche sich zu versagen, seinen eigenen Neigungen entgegenzutreten und lediglich dem zu folgen, was die Vernunft ihm als das Beste erweist, wenn auch die Begierde irgendwo anders hinweist."[5] Das pädagogische Ideal Lockes ist also, kurz zusammengefasst, ein tugendhaftes und nützliches Mitglied der Gesellschaft.

4.) In welcher Gemeinschaft die Erziehung stattfinden soll.

Da der Geist des Kindes seine Eindrücke unwillkürlich von seiner Umgebung empfängt, und da diese Eindrücke die Grundlage aller seiner Ideen bilden, so ist es von Wichtigkeit, dass diese Umgebung so beschaffen sei, dass sie die Bildung klarer und richtiger Vorstellungen eher fördert als hindert. Besonders die sittliche Entwicklung des Kindes hängt von seiner Umgebung ab. Daher macht Locke ganz im Einklang mit seiner Sittenlehre Lob und Tadel vonseiten der Umgebung des Kindes zu

---

[1] **Kuno Fischer**, Francis Bacon u. s. Nachf., S. 647.
[2] Juvenal Sat. X, 356.
[3] Thoughts, § 1, vgl. § 3.
[4] Sieh oben S. 21.
[5] Thoughts §§ 33, 45, vgl. §§ 31, 93, 94, 113, 147, 177. 200.

dessen erstem Massstab des Guten und Bösen.[1]) Billigung und Missbilligung sind nach Locke die erste Richtschnur der Tugend, und deshalb ist für das Kind eine moralische Umgebung unerlässlich zur Bildung sittlicher Begriffe. Wie ferner aus der Art und Weise, mit der das Kind seine Begriffe von Gut und Böse erwirbt, sich ergiebt, ist das Beispiel von der grössten Wichtigkeit. „Kinder — ja auch Erwachsene — lassen sich in den meisten Dingen vom Beispiel bestimmen. Wir sind alle eine Art von Chamäleon, das nach den in seiner Nähe befindlichen Dingen seine Farbe wechselt".[2]) Darum ist die G e s e l l s c h a f t, in welcher das Kind erzogen wird, von grösster Bedeutung.

Diejenige Umgebung, welche eine solche Entwicklung am meisten fördert und Lockes Forderungen entspricht, ist die F a m i l i e. Nur hier kann ausserdem die Individualität des Kindes, welche „bei verschiedenen Kindern ebenso verschieden ist, wie ihre Gesichter", gebührend berücksichtigt werden. Doch folgt aus diesen Anschauungen Lockes nicht gerade die Forderung „i n d i v i d u e l l e r E r z i e h u n g." Er spricht sogar von Vorteilen, welche sich aus der gemeinsamen Erziehung ergeben würden; Wettbewerb und Nacheiferung, welche bei dieser entstehen, sind nach Locke wichtige Faktoren der Erziehung. Er stellt daher die Unbrauchbarkeit der Schulen nicht gerade als Dogma auf, behauptet aber seine ablehnende Stellung zu denselben, „bis man eine Schule finden kann, in welcher es dem Lehrer möglich ist, sich um die Sitten seiner Schüler zu bekümmern, und welche so grosse Erfolge ihrer Bemühung, die Gemüter derselben zur Tugend und ihr Betragen zu guter Lebensart auszubilden, aufzuweisen vermag, als sie darin Erfolge

---

[1]) Sieh oben S. 22.

[2]) Thoughts § 67.

Vgl. ebend. § 70. „Da ich die Gesellschaft erwähnt, möchte ich fast meine Feder wegwerfen und mit diesem Gegenstand dich nicht länger behelligen. Denn da sie mehr vermag als alle Vorschriften, Regeln und Unterweisungen, so dünkt mich, es dürfte fast ganz vergeblich sein, eine lange Auseinandersetzung über andere Dinge zu halten, zumal da man über diesen Gegenstand fast ziellos reden muss." Vgl. § 146.

hat, die Zungen derselben in den gelehrten Sprachen zu üben".[1]) Locke verwirft also die Schulen mehr deswegen, weil sie sein Ziel thatsächlich nicht erreichen, als weil sie wohl eingerichtet dazu nicht imstande wären.

5.) Methode der Erziehung.

Wenn es den Eltern selbst nicht möglich ist, die Erziehung des Kindes zu leiten, so muss ein vorzüglicher Hauslehrer gesucht werden, ein Mann von Lebenserfahrung und Menschenkenntnis lieber als von grosser Gelehrsamkeit. Die ganze Erziehung beruht auf der Wahl des richtigen Erziehers.[2])

Den Grundgedanken der Locke'schen Erziehungslehre hat Kuno Fischer mit folgenden Worten ausgedrückt: „Die Erziehung werde Erfahrung, die Kunst des Erziehers verwandele sich in die naturgemässe Entwicklung des Zöglings, sie sei nirgends Dressur oder Abrichtung, sondern durchgängige Leitung, richtig geleitete Entwicklung".[3]) Diese naturgemässe Leitung hat Locke folgendermassen geschildert: „Die Hauptaufgabe des Erziehers besteht nicht darin, ein umfangreiches Wissensmaterial mitzuteilen, sondern den Zögling zur geistigen Selbstthätigkeit anzuregen, in ihm Liebe und Achtung für die Wissenschaften zu erwecken, und ihn anzuleiten, sich selbst zu erkennen und fortzubilden, wenn er Lust dazu hat.[4])

Zu diesem Zwecke muss die Individualität des Kindes studirt werden. Dies geschieht dann am besten, wenn das Kind spielt, wenn es sich zwanglos im Freien bewegt und seine Neigungen und Fähigkeiten an den Tag legt. Das Spiel kann auch dazu dienen, das Lernen angenehm und leicht zu machen und das Interesse des Kindes beim Lernen zu wecken. Denn, da das Lernen nur durch Selbstthätigkeit möglich ist, so ist das Interesse ein unerlässlicher Faktor.[5]) Das entgegengesetzte Verfahren ist oft der Tod alles Lernens. Diese Verknüpfung des Vergnügens

---

[1]) Thoughts, § 70.
[2]) Ebend., § 94.
[3]) F. Bacon und seine Nachf., 2. Aufl., Leipzig 1875, S. 646.
[4]) Thoughts, § 195.
[5]) Thoughts, § 63, 76, 129, 167.

mit der Arbeit des Kindes zeigt Lockes sorgfältiges psychologisches Studium. [1])

Der Grundzug in Lockes Erziehungslehre ist also die Selbstthätigkeit. [2]) Da nun das Kind nur lernen kann, was es auch erfahren kann, so muss der Unterricht darnach eingerichtet werden. Die Vorstellungen der ausser uns befindlichen Welt entstehen hauptsächlich durch die Wahrnehmung und Anschauung, wie sie namentlich durch das Gesicht und den Tastsinn vermittelt werden. Denn „Kinder verstehen viel besser, was sie sehen als was sie hören." [3]) Darum stellt Locke als Cardinalforderung auf die Anschaulichkeit des Unterrichts. Darum gebrauche man Beispiele lieber als Vorschriften, man versehe die Bücher, die in der Art Aesops oder Reinhards des Fuchses sein sollen, mit Bildern; man lehre die Geographie durch Globus und Karten. [4]) Von dieser primitiven Vorstufe aller Bildung soll der Weg dann weiter vom leichten zum schweren, vom konkreten zum abstrakten, vom einfachen zum zusammengesetzten führen und auf diese Weise so genau wie möglich der natürlichen Entwicklung folgen. [5]) Damit der Erzieher diese Methode erfolgreich verfolge, verlangt Locke von ihm psychologische Kenntnisse, die er durch ein sorgfältiges Studium der Kinder erlangen muss. [6])

---

[1]) Ess. II, ch. 33. „Of the Association of Ideas", bes. § 15. „Many children imputing the pain they endured at school to their books they are corrected for, so join those ideas together, that a book becomes their aversion and they are never reconciled to the study and use of them all their lives after; and thus reading becomes a torment to them which otherwise possibly might have made the great pleasure of their lives".

[2]) Vgl. „Of study", abgedruckt bei Fox-Bourne Vol. I. „I can no more see by another man's understanding than by another man's eyes."

[3]) Thoughts § 67.

[4]) Ebend. §§ 82, 156, 178.

[5]) Cond. of Und. ch. VIII, Thoughts, § 180, 181. 190, 194.

[6]) Ebend. § 66.

6.) Geistige Triebe als Mittel zur Erziehung.

Nach Lockes Philosophie hat die Natur in die Seele des Menschen das Verlangen nach Glück gelegt. [1] Dieses Verlangen ist der den Willen bestimmende Trieb. Dieser Trieb kann, oder muss vielmehr, von dem Erzieher verwendet werden, wenn er die gewünschten Erfolge erzielen will. Was der Erzieher also gethan haben will, möge er angenehm machen, mit dem aber, was unterlassen werden soll, verbinde er die entgegengesetzte Empfindung. Dies ist nach Lockes Philosophie nicht nur ein berechtigtes, sondern sogar ein notwendiges Verfahren. [2] Denn, behauptet er in dem „Versuch", „es wäre nutzlos, dass ein vernünftiges Wesen andern für ihre Handlung eine Regel gäbe, wenn es nicht deren Befolgung durch ein Gut und deren Uebertretung durch ein Uebel bestrafen könnte, das nicht schon von selbst der Handlung nachfolgt"; [3] so begleitet eine Reihenfolge von Strafen und Belohnungen, mit jeder Thätigkeit des Kindes verknüpft, dessen ganzen Entwicklungsgang. Diese Strafen und Belohnungen müssen jedoch, schärft er ein, sorgfältig gewählt werden, und physische Lust und Unlust sollen als Mittel der Belohnung oder Strafe soweit als möglich vermieden werden. [4] Locke ist daher im allgemeinen gegen die körperliche Züchtigung. Diese betrachtet er als ein Heilmittel, und als solches darf es nur mit Vorsicht angewandt werden, und von den Mitteln, durch welche das gewünschte Resultat erreicht werden kann, muss man stets die mildesten brauchen. [5]

Ausser diesem Grundtriebe der menschlichen Natur, die Lust zu suchen und die Unlust zu vermeiden, gibt es mehrere untergeordnete Triebe, die als erziehliche Faktoren Verwendung finden können.

---

[1] Thoughts § 143. „Power and Riches, nay virtue itself, are valued only as conducing to our happiness." Vgl. Ess. I, ch. 3, § 3, Ess. II, ch. 21, §§ 29, 31, 33, 57.

[2] Thoughts § 54.

[3] Ess. II, ch. 28, § 6.

[4] Thoughts § 55.

[5] Ebend. §§ 78, 79, 84, 85. 101, 131, vgl. § 43 f.

Der Trieb aber, auf welchen Locke bei der Erziehung das meiste Gewicht legt, ist das **Streben nach Achtung**[1] (desire for esteem). Da Locke die Achtung der menschlichen Gesellschaft als den Massstab für Gut und Böse ansieht, so ist es nur natürlich, dass er diesen Trieb soweit als möglich zu fördern und zu entwickeln sucht. Diese Anregung und Ausbildung des Ehrgefühls steht in grellem Gegensatz zu den pädagogischen Grundsätzen seiner Zeit, und er ist in diesem Punkte bahnbrechend für die moderne Pädagogik geworden.

Bei der Wahl seiner Besserungsmittel, beim Wecken und Fesseln des kindlichen Interesses, überhaupt in allen Grundzügen seiner Pädagogik macht Locke dieses Ehr- und Selbstgefühl zum Ausgangspunkt und zur Grundlage für jede weitere erzieherische Thätigkeit. „Achtung und Misachtung," sagt er, „sind die allermächtigsten Antriebe für das Gemüt, sobald es sie einmal zu würdigen gelernt hat"; „wenn man die Kinder einmal soweit gebracht hat, dass sie die Achtung zu schätzen, Schimpf und Schande zu scheuen wissen, dann hat man den wahren Beweggrund in sie gelegt, welcher beständig wirksam sein und zum Rechten hinleiten wird."[2]

Dieses Verfahren soll sehr früh eingeschlagen werden, denn „die Kinder sind, früher vielleicht als wir meinen, sehr empfänglich für Lob und Anerkennung."[3]

Gegen dieses Motiv erhebt sich K. von Raumer: „Hier tritt," eifert er, „die Verkehrtheit der Locke'schen Prinzipien ganz unverhüllt auf, Dornen pflanzt er mit grösster Sorgfalt; auf diese will er, wenn sie wuchernd angewachsen sind, Feigen pfropfen. Er hat keine Ahnung von dem Wesen eines christlichen Charakters, dessen erste, zweite und dritte Fundamentaltugend nach Augustin Demuth ist."[4] Hier aber versteht von Raumer Lockes Erziehungsmittel nicht. Er verwechselt Ehrgefühl mit Ehrgeiz und nimmt an, dass dieses Ehrgefühl die Demut ausschliesst. Was aber Locke unter Ehrgefühl

---

[1] Ess. II, ch. 20, § 27, Thoughts §§ 56, 61, 119.

[2] Thoughts § 56. Vgl. Lockes Reisetagebuch, Monday Dec. 12th 1678, abgedruckt bei Lord King, I. p. 203.

[3] Thoughts § 57. Vgl. §§ 58, 60, 61, 95—99, 119, 132, 200.

[4] Geschichte der Pädagogik II, S. 97, 111.

versteht, ist ein sittlicher Faktor und in der Pädagogik vollständig berechtigt. Dieses Gefühl will die Achtung und Zufriedenheit der Eltern und des Erziehers erwerben und verträgt sich mit Demut und Bescheidenheit.[1] Ehrgeiz dagegen, warnt Locke, ringt nach Auszeichnung und führt zu Hochmut und Neid. Was Locke will, ist nicht eitle, eifersüchtige Nacheiferung, sondern ein Streben nach Wertschätzung, Achtung, nach einem „guten Ruf."[2]

Ein anderer Trieb in den Kindern, mit dem vorhergehenden nah verwandt, ist nach Locke das Verlangen als „vernünftige Geschöpfe behandelt zu werden."[3] „Ich rate," sagt er, „ihren Eltern und Erziehern, sich immer gegenwärtig zu halten, dass Kinder als vernünftige Geschöpfe zu behandeln sind".

In seinem „Versuch" legt Locke überall Nachdruck auf die Thatsache, dass die Bildung der Ideen früh beginnt. Dieselbe fällt zeitlich mit den ersten Wahrnehmungen zusammen,[4] und da der Wille selbst der Vernunft unterworfen ist, so ist es nicht anders zu erwarten, als dass Locke diesen „Vernunfttrieb" des Kindes so früh als möglich bei der Erziehung begünstigt wissen will. Denn wenn die Erkenntnis in der Erfahrung besteht, dann muss das Kind lernen selbstständig zu denken, und die Natur hat ihm das Verlangen eingepflanzt als selbstständig denkendes Wesen behandelt zu werden. Die Kinder durch Vernunftgründe („reasoning") belehren, ist also nach Lockes Ansicht ein wirksames Mittel sie zu leiten. „Man wird sich vielleicht darüber wundern," sagt er, „dass ich von vernünftigem Gespräch („reasoning") mit Kindern rede, und doch kann ich nicht umhin dies für die richtige Art zu halten, in welcher mit ihnen zu verkehren ist. Sie verstehen es so bald, als sie die Sprache verstehen, und wenn ich recht beobachte, wollen sie gern als vernünftige Geschöpfe behandelt sein, und zwar früher, als man es sich

[1] Thoughts § 57.
[2] Thoughts §§ 58, 61, 109, 155. Vgl. Ess. II, ch. 21, § 60; ch. 28, §§ 10—12.
[3] Thoughts § 54.
[4] Ess. II. ch. 1, §§ 21—23.

denkt. Es ist dies ein Stolz, den man in ihnen nähren und, soweit es geschehen kann, zum vorzüglichsten Werkzeug machen muss, um auf sie einzuwirken." [1])

Noch einen anderen Trieb erkennt Locke und benützt ihn als Mittel zur Erziehung: man könne ihn den Trieb zur Thätigkeit nennen. Locke sagt über denselben folgendes: „Ich denke, es ist hinreichend erwiesen, dass die Kinder im allgemeinen es scheuen, müssig zu sein. Man hat also nur dafür zu sorgen, dass ihr Hang zur Geschäftigkeit immer zu einem ihnen nützlichen Zwecke verwendet werde; wenn man dies erreichen will, muss man alles, was man von ihnen gethan haben will, ihnen zur Erholung und nicht zum Geschäft machen." [2]) Die Benutzung dieses Triebes ist also besonders möglich bei der selbstgewählten Beschäftigung der Kinder, dem Spiele.

Mit diesem Triebe wiederum nahe verwandt ist die Neu-gierde (curiosity). „Diese," sagt Locke, „ist nur ein Gelüsten nach Kenntnis, und sollte daher in ihnen gefördert werden, nicht blos als ein gutes Zeichen, sondern als das wertvolle Werkzeug, das die Natur uns an die Hand gegeben, um jene Unwissenheit zu beseitigen, mit welcher sie zur Welt gekommen sind." [3]) Im Zusammenhang damit spricht Locke ausführlich von den Fragen der Kinder, wie sie so behandelt werden können. dass man die Wissbegier rege erhält und Kenntnisse vermittelt. [4]) So dient auch die Neugier Locke zur Weckung des Interesses, welches stets das Lernen begleiten muss. [5])

Auf dem Nachahmungstrieb der Kinder beruht die Wirksamkeit und Bedeutung des Beispiels. Dieses möge alle Regeln ersetzen. [6]) Von der Macht des Beispiels sagt Locke: „Kinder — ja, auch Erwachsene — lassen sich in den meisten

---

[1]) Thougts § 81. Vgl. § 95. „The sooner you treat him as a man the sooner he will begin to be one." Vgl. Cond. of Und. ch. III, VI.

[2]) Thoughts § 129. Vgl. § 152.

[3]) Thoughts § 118. Vgl. § 108.

[4]) Thoughts §§ 118—121.

[5]) Sieh Widmungsbrief. Vgl. Thoughts § 195.

[6]) Thoughts §§ 64, 68, 82.

Dingen vom Beispiel bestimmen."[1]) Er legt daher besondern
Nachdruck auf die Wichtigkeit der Anwendung dieses Triebes:
„die einfachste, leichteste und wirksamste von allen Arten, die
Kinder zu lehren und ihre Sitten zu bilden, ist die, dass man
von allen Dingen, welche sie thun oder vermeiden sollen, ihnen
das Beispiel vor Augen stellt; — denn nichts senkt sich so
sanft und so tief in das Gemüt der Menschen als das Beispiel."[2])

Beständige Wiederholung einer Handlung oder eines Ge-
dankens führt zur A n g e w ö h n u n g,[3]) eine Neigung der
Kinder, deren Leitung ganz in der Macht des Erziehers liegt.
Auch Bacons Philosophie hatte die Macht der Gewohnheit
anerkannt, Locke aber hebt sie wiederholt und sehr nachdrücklich hervor. „Die Hauptsache," sagt er, „die man in der
Erziehung bedenken muss, ist, welche Gewohnheiten man ein-
pflanzt";[4]) und da nun häufige Wiederholung zur Angewöhnung
führt, so legt Locke grossen Nachdruck auf die Uebung.[5]) Er
betrachtet die Bildung nur in soweit als vollendet, als die
gewünschten Handlungen und Gesinnungen zur Gewohnheit
geworden sind.[6]) Die Kinder müssen an das gewollte Handeln
und Denken so gewöhnt werden, dass diese ganz von selbst
erfolgen.

Durch die Benutzung dieser sämmtlichen Triebe, welche
ihm die Natur zur Verfügung gestellt hat, kann der Lehrer der
Erziehung die gewollte Richtung geben und die Hauptgefahren
bei der Entwicklung des Kindes beseitigen, welche in Furchtsamkeit, Zerstörungstrieb, Neigung zur Grausamkeit und Plauder-
haftigkeit bestehen. Alle diese Fehler entstehen bei der Nicht-
benutzung oder falschen Benutzung der Naturtriebe.[7])

---

[1]) Thoughts §§ 67, 71, 129. Sieh auch abschreckende Beispiele,
§ 94.

[2]) Vgl. Thoughts § 82 und „über Gewohnheit," Ess. II, ch. 9,
§ 10, und ch. 22, § 10.

[3]) Sieh Bacons Essays, 38, 49.

[4]) Thoughts § 18.

[5]) Thoughts §§ 32, 34, 66, 110, 42, 10, 212.

[6]) Sieh Cond. of Underst. ch. IV. „Practice and Habits." Vgl.
Thoughts § 66.

[7]) Thoughts § 116.

Lockes Erziehungslehre im Einzelnen.

1.) Physische Erziehung.

Montaigne war der erste, der sich gegen die sinnenfeindliche Vorstellung, dass der Körper das Grab der Seele sei, wandte. Von ihm wurde zuerst die Bedeutung der physischen Erziehung hervorgehoben. In dem Teil seiner Essais, wo er den Gegensatz zwischen Gedächtniskram und selbstständigem Denken darlegt, verlangt er auch neben der Bildung des Geistes die Fürsorge für die Entwicklung des Körpers. „Puisque le corps naît pour ainsi dire avant l'âme, la première culture doit être celle du corps." „Ce n'est pas assez de lui roidir l'âme, il faut lui roidir les muscles." [1])

Auch Bacon hat wiederholt die Wichtigkeit und den wohlthätigen Einfluss körperlicher Schulung betont. [2]) Bacon aber sowie Montaigne gab ihren darauf bezüglichen Bestrebungen nur gelegentlich und in zusammenhangslosen Bemerkungen Ausdruck, welche, da sie der philosophischen Grundlage entbehrten, unbeachtet blieben. Der Philosophie Lockes blieb es vorbehalten, die vollständige Abhängigkeit des geistigen Lebens vom körperlichen nachzuweisen und eine systematische Behandlung dieses Teils der Erziehungslehre zu verlangen.

Lockes Grundsatz „mens sana in corpore sano" zeigt jedoch, dass er der körperlichen Erziehung nicht einen selbstständigen Wert beilegt. Sie ist ihm nur eine notwendige Vorbedingung der geistigen und sittlichen Erziehung des Zöglings während der ganzen Dauer seiner Entwicklung. [3]) Die physische Schulung soll daher so eingerichtet werden, dass sie der geistigen möglichst zu Hülfe kommt. [4]) Als ersten Grundsatz stellt er deshalb auf, das Kind nach den Weisungen und mit den Mitteln der Natur aufzuziehen. „Man lasse," sagt er, „der Natur Spielraum, den Leib zu bilden, wie sie es für's

---

[1]) Essais, livre I, ch. XXIV Du pédantisme, und ch. XXV De l'institution des enfants.

[2]) The Works of Francis Bacon, Baron of Verulam etc., herausgegeb. von Spedding, Ellis u. Heath, London, Longmont, 1862 bis 70. Vol. II, 440; IV, 384, 496; V, 278—291, 310.

[3]) Thoughts § 31.

[4]) Thoughts § 1—4.

beste hält." „Sie arbeitet aus sich selbst viel besser und
genauer, als wir es ihr weisen können."[1]) Auf diesem Prinzip
baut Locke sein System der physischen Kindererziehung auf.

Ganz im Einklang mit seiner Philosophie, nach welcher
der Wille durch „die grösste, gegenwärtige" Unbehaglichkeit
bestimmt wird,[2]) welche gewöhnlich körperlicher Art ist,
verordnet Locke gleich für die frühste Jugend des Kindes einen
Abhärtungsprozess; und da durch Gewöhnung des Körpers
an Strapazen der Wille gefestigt wird, verlangt er in der
Gesundheitslehre, dass der Körper durch die grösstmögliche
Abhärtung widerstandsfähig gemacht werde. Demnach fordert
er, „dass Edelleute ihre Kinder behandeln sollen, wie rechte
Gutspächter und wohlhabende Bauern die ihrigen."[3]) Keine
Verweichlichung oder Verzärtelung, sondern man soll den
Kindern zuweilen absichtlich körperlichen Schmerz verursachen
und sie auch nicht bei jedem Wehe bemitleiden.[4])

Da ferner Mängel der Natur natürliche Abhülfe verlangen,
so ist Locke grundsätzlich gegen Arzneien. Es ist, sagt er,
bei weitem rätlicher, der Natur zu vertrauen, als den Arzneien.[5])

Der Diät, die einfach und naturgemäss sein soll, dem
Schlaf, den er „das grösste Stärkungsmittel der Natur" nennt,
und der Kleidung der Kinder widmet er besondere Aufmerksamkeit.[6])

Was die Gymnastik betrifft, so empfiehlt Locke zwar
Leibesübungen; diese behandelt er aber nur vom medizinischen
Standpunkt aus, und nicht von dem der allgemeinen Ausbildung.
Die Notwendigkeit und Bedeutung der natürlichen Gymnastik
der Kinder, des Spielens, hat Locke, wie wir oben gesehen
haben, anerkannt. „Diese Spiellust," sagt er, „welche von der
Natur weislich ihrem Alter und ihrer Konstitution angepasst
worden ist, sollte, um ihre geistige Stimmung zu erhalten und
ihre Kraft und Gesundheit zu befestigen, eher ermutigt als

---

[1]) Thoughts § 11.
[2]) Ess. II, ch. 21, § 31.
[3]) Thoughts § 4.
[4]) Ebend. § 115.
[5]) Ebend. § 29.
[6]) Ebend. §§ 5, 11, 12, 22.

niedergehalten und eingeschränkt werden; ja, die grösste Kunst besteht darin, alles, was sie zu thun haben, auch zu Spiel und Kurzweil zu machen."[1])

Unter den Uebungen der Kunstgymnastik empfiehlt Locke: das Schwimmen, der Gesundheit und Brauchbarkeit wegen, das Tanzen, um dem Auftreten Sicherheit und Anstand zu geben, das Fechten, um der Gesundheit und Nützlichkeit willen, und das Reiten, um dem Körper feste und edle Haltung zu geben. [2])

Uebungen, welche die Ausbildung des Leibes ebenfalls fördern, sind die Land- und Handarbeiten. Diese sind von Wichtigkeit nicht nur wegen ihrer Bedeutung für die Leibesübung und für die Erholung, sondern auch wegen ihres Nutzens. Locke empfiehlt: Gartenbau, Landwirthschaft, Tischlerei, und auch Parfümieren, Lackieren, Gravieren (Perfuming, Varnishing, Graving) und verschiedene Arten Arbeiten in Eisen, Erz und Silber anzufertigen (several sorts of working in Iron, Brass and Silver). [3])

Die physische Erziehung hat also nach Locke auch das Ziel, die Kraft und Gewandtheit des Individuums so zu fördern, dass es demselben materielles Wohlergehen bringt.

2.) Intellektuelle Erziehung.

Lockes Ansichten über die intellektuelle Erziehung standen in ausgesprochenem Gegensatz zu allen früheren und allen zu seiner Zeit bestehenden pädagogischen Systemen; es ist dies der Gegensatz zwischen Charakterbildung und der blossen Erwerbung von Kenntnissen. Erst seit Locke, und hauptsächlich durch seinen Einfluss, wird die Erziehung nicht mehr auf die Mitteilung von Kenntnissen beschränkt, sondern umfasst die Gesammtheit der bildenden Beziehungen zwischen Lehrer und Schüler, von seiner ersten Kindheit bis zur Reife.

Da das Ziel der Erziehung nach Locke die Ausbildung des Charakters zur Tugend ist, und da jede Einwirkung von aussen einen bildenden Einfluss hat, so ist es natürlich, dass

---

[1]) Ebend. § 68. Vgl. §§ 108, 80.
[2]) Ebend. §§ 8, 67, 199, 198.
[3]) Thoughts §§ 202—212.

er dem Unterricht im eigentlichen Sinne eine untergeordnete Bedeutung beilegt. Daher macht er die Erfahrung zum ersten Grundsatz der Erziehung, und in bewusstem Gegensatz zur Pädagogik seiner Zeit behauptet er, dass der Unterricht der am wenigsten wichtige Teil der Erziehung sei. „Kenntnisse müssen erworben werden, aber nur in zweiter Linie, nur als Mittel zu wichtigeren Befähigungen."[1] Darum ist es nicht die Aufgabe der Erziehung, „das Kind in irgend einer der Wissenschaften zu vervollkommnen, sondern seinen Geist so zu entwickeln und zu schulen, dass es zu allen fähig wird, wenn es sich denselben hingibt." Daher soll das Endziel alles Lernens sein: „eine Entwicklung der Fähigkeiten und der Kraft des Geistes, und nicht eine Vermehrung seiner Kenntnisse."[2] Es ist also nicht die Aufgabe des Erziehers Kenntnisse mitzuteilen, sondern den Geist des Kindes so zu schulen, dass es selbstständig denken und erfahren lernt, und es so für den S e l b s t - u n t e r r i c h t vorzubereiten, welches die einzig richtige Unterrichtsmethode ist. „Auf diesem Wege," sagt Locke von dieser Methode, „gelangen Dinge in den Geist, welche dort haften und ihre Beweiskraft in sich behalten."[3]

Da nun Locke mehr nach geistiger Schulung und Vorbereitung strebt, als nach Erwerbung von Kenntnissen, so stellt er sich auch darin in schroffen Gegensatz zu der damaligen Erziehungsmethode, dass er das mechanische A u s - w e n d i g l e r n e n vollständig verwirft. „Die Worte sind im besten Falle nur schwache Abbilder und kaum so viel als die wirklichen Schatten der Dinge, und werden um so balder vergessen."[3] Dieser Grundsatz stimmt ganz zu Lockes Erkenntnistheorie, welche behauptet, dass das Gedächtnis nicht

---

[1] Ebend. § 147.

[2] Cond. of Und. ch. XIX. Vgl. Fox-Bourne Vol. II, 432: „Knowledge is the internal perception of the mind," und Cond. of Und. ch. XXIV.

[3] Thoughts § 98. Hierin war Locke wahrscheinlich durch Nicoles „Pensées" beeinflusst, von denen er einen Teil ins Englische übersetzt hat. Sieh chap. „De l'éducation d'un prince." Auch Montaigne hatte gesagt: „Savoir par coeur, n'est pas savoir."

in nennenswerter Weise durch Benutzung oder Uebung unterstützt oder verbessert werden könne.[1])

Hinsichtlich des Anfangs der intellektuellen Erziehung verlangt Locke ganz im Einklang mit seiner Theorie, wonach die Bildung der Ideen mit der Wahrnehmung gleichzeitig ist,[2]) den frühen Beginn des Unterrichts. „Wenn das Kind plaudern kann, ist es für dasselbe schon Zeit, das Lesenlernen zu beginnen."[3]) und „Wenn es gut Englisch lesen kann, wird es Zeit sein, das Schreiben mit ihm zu beginnen."[4]) Man soll jedoch darauf achten, dass dieser Unterricht dem Kinde nicht verleidet wird. Um sein Interesse zu wecken und ihm das Lesenlernen zu erleichtern, empfiehlt Locke „Würfel und Spielsachen mit Buchstaben."[5])

Bei der Wahl der Unterrichtsgegenstände ist für Locke der Nutzen massgebend. Sein Rat ist: „man solle die Zeit der Kinder zur Erwerbung dessen verwenden, was ihnen nützlich sein wird, wenn sie einmal erwachsen sind."[6]) Er geht dabei jedoch etwas willkürlich zu Werke. Man sieht, er erzieht einen Edelmann, und deshalb wählt er diejenigen Fächer, welche seinen Schüler am besten in den Stand setzen, seinen Platz in der Gesellschaft auszufüllen.

Lockes Philosophie fordert Realismus gegenüber dem Verbalismus, Sachen gegenüber Formen und Zeichen.[7]) Man soll dem Schüler möglichst viel Sachkenntnisse beibringen, denn „Worte sind nur Zeichen der Vorstellungen und nur schwache Stellvertreter der Sachen."[8]) Darum erklärt er den Sprachunterricht für den mindest wichtigen Teil des Unterrichts, und gelehrten Sprachunterricht verwirft er ganz.[9]) Den praktischen Sprachunterricht aber lässt er zu. Die Grundlage alles Sprachunterrichts soll jedoch die Muttersprache bilden,

[1]) Thoughts § 176. Sieh auch chap. . über „Retention."
[2]) Sieh oben S. 14, und 36.
[3]) Thoughts § 148.
[4]) Thoughts § 160.
[5]) Thoughts §§ 140, 150.
[6]) Thoughts § 94.
[7]) Thoughts § 169.
[8]) Thoughts § 98.
[9]) Thoughts § 195.

erst wenn der Knabe diese beherrscht, darf der fremdsprach-
liche Unterricht beginnen, zuerst mit dem Französischen, dann
Latein; Griechisch aber wird aus dem Studienplan verbannt.
Griechisch zu lernen brauche nur ein Gelehrter von Fach. '

Der Anschauungsunterricht beginnt mit der Geographie,
welche Locke mittelst Karten und Globus gelehrt wissen will.
Hieran schliesst sich der Unterricht in der Arithmetik. „Arithmetik ist die leichteste Art abstrakter Verstandesthätigkeit und
daher auch die erste, die der Geist in der Regel fasst." In
der Geometrie genügt ihm die Kenntnis der ersten sechs Bücher
Euklids. Mit dem Studium der Geographie soll der Unterricht
in der Geschichte Hand in Hand gehen. Von der Geographie
werde auch der Uebergang zur Astronomie leicht sein. [1]

Die sittliche Belehrung des Schülers, welcher Locke einen
so hervorragenden Platz einräumt, soll hauptsächlich durch
das Beispiel geschehen. Zu diesem Zwecke spricht er auch
ausführlich von der F a b e l und hebt ihre Anwendbarkeit und
ihren Nutzen hervor. Aesop erfüllt ganz Lockes Forderung,
dass der Gegenstand anziehend und zu gleicher Zeit erbaulich
sein müsse, um belehrend zu sein. [2] Den Religionsunterricht
jedoch empfiehlt er, wie auch den Unterricht im Naturrecht
und im vaterländischen Recht.

Da Locke die Disputirkunst ganz verwirft, so bringen nach
seiner Meinung Rhetorik und Logik nur in soweit Nutzen, als
sie die Fähigkeit und Fertigkeit des Denkens und die Aneignung
einer einfachen und gewandten Ausdrucksform fördern. [3]

N a t u r p h i l o s o p h i e als spekulative Wissenschaft gibt es
nach Locke nicht. Sie zerfällt in Metaphysik und Physik, und
im Unterrichtsplan muss jene vorangehen. [4]

Die Bedeutung der ästhetischen Bildung hat Locke ganz
verkannt. Ausser dem Zeichnen sind ihm alle Kunstfertigkeiten
wertlos; namentlich Musik und Dichtkunst. Dagegen empfiehlt
er Handwerke. [5]

[1] Thoughts §§ 179 ff.
[2] Thoughts § 56.
[3] Thoughts §§ 188 ff.
[4] Thoughts §§ 190, 193.
[5] Thoughts § 154.

Was das Reisen betrifft, so sagt er: „Dies kröne das Werk und gebe dem Edelmann die letzte Ausbildung." Es soll ein Ersatz sein für seine Vereinsamung in der Hauserziehung und eine Ergänzung derselben. Dieses Mittel darf also nicht zu früh und auch nicht zu spät angewendet werden. Es soll daher zwischen dem 17ten und 18ten Jahre unter Führung des Erziehers stattfinden. Durch Vergleichung seiner Erfahrungen mit den Anschauungen, die er sich bereits gebildet, soll der Schüler ein genügendes Verständnis für menschliche Gesinnungen und Einrichtungen gewinnen. [1])

Die Muttersprache, Französisch, Latein, Religion, Geschichte, Geographie, Naturkunde, Arithmetik, Geometrie, Schreiben und Zeichnen sind also die Lehrfächer, die Locke eingeführt wissen will.

Was nun die Ansicht Lockes betrifft, die ibn bei der Auswahl der Unterrichtsstoffe geleitet hat, so ist zuzugeben, dass, obwohl er viel vernachlässigtes Material herangezogen und obwohl er durch Betonung der Wichtigkeit der realistischen Studien dem Verbalismus seiner Zeit in hohem Grade entgegengewirkt hat, er doch dem pädagogischen Wert der Unterrichtsstoffe nicht die gebührende Beachtung geschenkt hat. Sonst stellt er für die Erziehung den Grundsatz auf, dass wir ins Auge zu fassen haben, welchen Einfluss eine Thätigkeit auf Geist und Charakter des Kindes üben werde; wenn er aber auf die Auswahl der Studien zu sprechen kommt, fragt er nicht, welche Wirkung dieser oder jener Lehrgegenstand auf den Geist haben wird, sondern nur, ob eine Kenntnis oder Fertigkeit für einen Edelmann nützlich ist oder nicht. Dies ist ein auffallender Fehler in der Erziehungslehre eines Mannes, der das Wachstum und die Entwicklung des menschlichen Verstandes zum vornehmsten Gegenstand seiner Forschung gemacht hat.

3.) Moralische Erziehung.

Das höchte Ziel der Erziehung ist die Tugend, welche Glückseligkeit in diesem und in jenem Leben bringt. Ohne Sittlichkeit ist Glückseligkeit nicht zu denken; „Tugend also,

[1]) Thoughts §§ 212 ff.

aufrichtige Tugend, ist das schwierige und wertvolle Ziel, nach
dem bei der Erziehung gestrebt werden muss!"[1]) Darum ist
der letzte Zweck der Erziehung die Bildung eines sittlichen
Charakters; alle übrigen Teile der Erziehung müssen daher
der moralischen untergeordnet sein. Die physische hat nur
insoweit Wert, als sie den Körper durch gesunde Entwicklung
und Abhärtung zu einem gefügigen Werkzeug des Willens
macht, und auch in der intellektuellen Erziehung ist der
Unterricht nur insofern von Nutzen, als er die Einsicht aus-
bildet; denn da der Wille durch die Einsicht bestimmt wird,
so ist die Ausbildung der Einsicht oder des Verstandes der
Weg, auf welchem die Erziehung zur Tugend erreicht werden
kann. Dies ist der Cardinalpunkt der Locke'schen
Erziehungslehre.

Da wir jedoch von Natur geneigt sind, uns der körperlichen und gegenwärtigen Lust hinzugeben und die Unlust um
jeden Preis zu vermeiden,[2]) so würde die Einsicht in den
sittlichen Wert einer Handlung nutzlos sein, wenn nicht der
Wille den Forderungen des Verstandes und nicht des Körpers
gehorchte. Daher muss der Verstand die Beherrschung des
Willens auf dem geistigen sowohl als auch auf dem körperlichen Gebiet bethätigen. „Ja, der wesentliche Grund aller
Tugend und alles Wertes beruht darin, dass ein Mensch fähig
sei, seine eigenen Wünsche sich zu versagen, seinen eigenen
Neigungen entgegenzutreten und lediglich dem zu folgen, was
die Vernunft ihm als das Beste erweist, wenn auch die Begierde
irgendwo anders hinneigt."[3])

Das Glück aber besteht für Locke nicht in der höchsten
und dauerndsten Lust, sonst wäre der ganze Unterschied
zwischen moralischem Handeln und dem nur durch Lust und
Unlust bestimmten Handeln aufgehoben, und dann wäre ein
sittliches Handeln nur ein kluges Handeln. Er giebt also seiner

[1]) Thoughts § 70. Vgl. § 135: „I place Virtue as the first and
most necessary of all those endowments that belong to a man or a
gentleman."
[2]) Thoughts § 48.
[3]) Thoughts § 33. Vgl. Cond. of Und. ch. VII. Thoughts §§ 38,
31, 45, 93, 94, 113, 147, 177.

Lustlehre eine sittliche Grundlage, indem er sie in Zusammenhang mit der Lehre der Bibel bringt und so mit dem sittlichen Handeln Glückseligkeit in jener Welt verbindet. Der Gottesglaube ist nach Locke die Grundlage aller Tugend. Daher verlangt er, das Kind solle früh einen richtigen Begriff von Gott bekommen. „Als Grundlage der Tugend," sagt er, „soll seinem Gemüte sehr früh ein rechter Begriff von Gott eingeprägt werden."[1]) Das Kind soll gelehrt werden, ihn als höchstes Wesen, Urheber und Schöpfer aller Dinge anzusehen und zu ihm zu beten, als dem Geber alles Guten, dessen es teilhaftig geworden ist.

Diese religiöse Unterweisung soll sich gründen auf die Bibel, auf die Geschichte und auf Fabeln, aber den Haupterfolg erwartet er von dem Beispiel; denn die Moral des Kindes erhält ihr Gepräge durch das Beispiel seiner Umgebung.

Was die einzelnen Tugenden anlangt, welche die sittliche Erziehung dem Kinde einpflanzen soll, so erwähnt Locke folgende:

1. Die Wahrhaftigkeit. Mit besonderer Heftigkeit bekämpft Locke die Lüge;[2]) sie widerspricht allen sittlichen Begriffen und macht sittliche Selbstbildung unmöglich. „Wenn der Grund der Tugend gelegt ist in einem rechten Begriff von Gott . . so muss zunächst Sorge dafür getragen werden, dass das Kind streng angehalten werde, die Wahrheit zu sagen."[3]) Locke sucht also die Wahrheitsliebe sowohl positiv als negativ zu befestigen. Negativ durch Erweckung des Schamgefühls, durch Missbilligung und nötigen Falls sogar durch körperliche Züchtigung, positiv durch Anregung des Ehrgefühls und durch Belohnung der Aufrichtigkeit.

Eine weitere Tugend, welche Locke in den Kindern zu wecken sucht, ist, zweitens, die Freigebigkeit. Diese Tugend soll geweckt und gepflegt werden durch Lob und durch sorgfältige Veranstaltung, dass das Kind durch Freigebigkeit nichts verliere. „Lass," sagt er, „die Kinder durch Erfahrung finden, dass der Freigebigste immer am meisten besitzt und

---

[1]) Thoughts § 136. Vgl. § 190.
[2]) Thoughts § 131.
[3]) Thoughts § 139. Vgl. §§ 131, 91. Ess. IV. ch. 19, § 1.

Achtung und Lob obendrein, und sie werden schnell lernen, sie zu üben!"[1] Dies Mittel die Freigebigkeit zu fördern steht ganz im Einklang mit Lockes Philosophie, welche in Belohnungen und Strafen, die neben den Folgen unserer Handlungen einhergehen, das einzige Mittel erblickt, ihren sittlichen Wert beurteilen zu lehren. Mit der Freigebigkeit kann auch,

drittens, die Redlichkeit gefördert werden, denn am sichersten führen zu ihr Freigebigkeit und Wohlthätigkeit. Diese Begriffe können eingeschärft werden durch Aufklärung über das Mein und Dein.[2]

Ebenso unerlässlich für den Locke'schen Zögling ist, viertens, die Höflichkeit und Wohlerzogenheit. Diese Höflichkeit besteht aber nicht in äussern Formeln, sondern ist eine „Höflichkeit des Herzens." Sie ist ein Wohlwollen gegen alle Mitmenschen, — Wohlerzogenheit, die gefällige Weise dieses Wohlwollen zu zeigen. Hier macht es sich wieder bemerkbar, dass Locke einen Edelmann erzieht, und auch weil sie mehr auf die Kenntnisse als auf die Manieren der Schüler sehen, verwirft er die Schulen und legt den Unterricht in die Hände eines Erziehers, der dem Schüler diese Tugend vorleben kann.

Von der Bedeutung und Nützlichkeit dieser Eigenschaft sagt Locke: „Ein junger Edelmann, welcher diese Ausbildung von seinem Erzieher erhält, tritt aufs vorteilhafteste in die Welt hinaus und wird bemerken, dass dieser einzige Vorzug ihm den Weg besser ebnen, ihm mehr Freunde erwerben und ihn weiter in der Welt bringen wird, als all die schweren Worte oder die wirklichen Kenntnisse, welche er aus den freien Künsten oder seines Hauslehrers gelehrter Encyklopädie geschöpft hat." „Deshalb soll der Hauslehrer in erster Linie wohlerzogen sein."[3]

Als Mittel,

fünftens, wahre Geistesstärke oder Tapferkeit auszubilden, empfiehlt er, die Furchtsamkeit (timorousness) des Kindes zu beheben und es durch Gewöhnung an Ertragen von

---

[1] Thoughts § 110. Vgl. § 159. Ess. I, ch. 3, § 4.
[2] Thoughts § 110.
[3] Thoughts § 93. Vgl. § 67, 141—146.

Schmerz, „gegen Furcht und Gefahr zu stärken und zu stählen,"
und gibt hierfür ausdrückliche und ausführliche Vorschriften. [1])
„Wahre Tapferkeit," sagt er, „fasse ich so auf, dass ein Mann
in ruhigem Besitz seiner selbst sei und unbewegt seine Pflicht
thue, welches Uebel ihn auch' bedränge oder welche Gefahr
auch in seinem Wege liege." [2])

Die Gewöhnung an diese Tugenden also erachtete Locke
als notwendig zur Ausbildung desjenigen sittlichen Charakters,
welchen er für seinen vornehmen Zögling erstrebt. Die sittlichen Grundsätze aber sollen ihm in seiner Jugend so fest eingepflanzt werden, dass sie ihm für alle Zeiten zum Besten dienen.
Dies ist das Endziel von Lockes Erziehungslehre.

Zweiter Teil.

Die Lehre Rousseaus.

1. Die Erkenntnislehre.

Rousseaus ausgesprochene Missachtung der Philosophie
kam zum grössten Teil davon her, dass zu seiner Zeit Philosophie
und Materialismus allmälich Wörter von gleicher Bedeutung
geworden waren. Der Materialismus hatte, indem er alle
geistige Thätigkeit aus Stoff und Bewegung erklärte, jede Moral
und alle Ideale zerstört und damit die Ethik und die Pädagogik
ihrer Grundlage und ihrer Ziele beraubt. Diese Philosophie
wird von Rousseau, dessen sämmtliche Schriften eine pädagogische Tendenz haben, auf Schritt und Tritt bekämpft.
Besonders ist dies der Fall in Émile, wo er seinen Gegnern
mit ihren eignen Waffen gegenübertritt, — nämlich mit denen
der Philosophie. Die Philosophie aber, die Rousseau zu seiner
Verfügung hatte, war die Lockes, in welcher auch für die
Materialisten die Basis oder doch mindestens die ursprüngliche
Quelle ihrer Lehren lag.

---

[1]) Thoughts § 115 (Works III, p. 50—53, bes. p. 52 alinea 2, Hardiness).

Lockes Untersuchung des menschlichen Denkvermögens nach empirischen Grundsätzen war in der Entwicklung der Philosophie ein epochemachendes Werk, das auf allen Gebieten des Denkens eine Revolution hervorrief. Frankreich, dessen Einrichtungen und Anschauungen auf dem Gebiet der Regierung, der Religion und der Erziehung hauptsächlich nur auf Gewohnheit und Ueberlieferung beruhten, bot für derartige Anregungen einen besonders empfänglichen Boden. Doch führte hier diese Philosophie mit den Auslegungen und Zusätzen von Voltaire, Helvetius, Diderot und Holbach, zu Extremen, welche Rousseaus Natur völlig widersprachen. Dieser, obwohl kaum weniger unter dem Einfluss der englischen Philosophie als seine Zeitgenossen, sucht durch Widerlegungen und Zusätze diese Extreme zu berichtigen und eine Philosophie zu gestalten, auf der sich eine Reform des Staats- und Erziehungswesens aufbauen liesse.

Wegen dieses Unbestandes der philosophischen Ideen, und um seinen Lehren eine sichere Grundlage zu geben, betont Rousseau, darin mit Locke übereinstimmend, die Notwendigkeit die Kräfte und Schranken der geistigen Thätigkeit einer vorherigen Prüfung zu unterziehen, und ist sorgsam darauf bedacht, in jedem Fall die psychologischen Gründe für seine pädagogischen Ratschläge anzugeben.[1] Obwohl aber seine Beobachtung tief und ernst war, führte ihn doch manchmal sein von Gefühl und Phantasie getragenes Denken von seinen Erfahrungsbegriffen ab und setzte ihn oft mit sich selbst in Widerspruch. Wir dürfen also von ihm kein sorgfältig entwickeltes und abgerundetes System erwarten.

Rousseau ging in seinen Untersuchungen, wie er selbst sagt, mit der empirischen Methode an die Arbeit[2], und der englische Empirismus ist in ihnen nicht schwer wiederzuerkennen; daher kommt sein Misstrauen gegen die deduktive Methode, und daher stammt die Methode, der er selbst folgt.[3]

---

[1] Vgl. Tome III, 814. „Il faut donc tourner d'abord mes regards sur moi pour connoître l'instrument dont je veux me servir, et jusqu' à quel point je puis me fier à son usage."

[2] Émile, Préface, Tome III, 4.

[3] „Je sais seulement que la vérité est dans les choses et non

Es gibt nach ihm keine angeborenen Ideen. „Wir kommen,“ sagt er, „auf die Welt mit der Fähigkeit zu lernen, doch wissen und erkennen wir noch nichts. Die Seele, fest-gebannt in unentwickelten und halbgebildeten Organen, hat noch nicht einmal das Gefühl ihrer eigenen Existenz.“ [1]) Des-halb kommt Rousseau bezüglich des ursprünglichen Zustandes des Geistes zu demselben Schluss wie Locke, und auch seine materialistischen Vergleiche sind denen des englischen Philosophen nicht unähnlich. „Ihr (der Kinder) glattes und ebenes Gehirn gibt die Gegenstände, die man ihm vorführt, wie ein Spiegel wieder, aber nichts bleibt, nichts dringt durch.“ [2]) Alle Erkenntnis, ausser der moralischen, unter welcher Rousseau das Bewusstwerden des Gewissens versteht, leitet er also von der Erfahrung ab. [3]) Diese wird dem Geiste durch die Sinne zu-geführt, und sie sind die einzigen Vermittler zwischen dem Geist und der Aussenwelt, und die Eindrücke, welche durch die Thätigkeit der Sinne erzeugt werden, bilden die Grundlage alles ferneren Denkens. [4]) „Da alles in den menschlichen Verstand nur durch die Sinne gelangt, so ist die erste Erkenntnis des Menschen Sinnenerkenntnis; sie dient der geistigen Erkenntnis zur Grundlage.“ [5])

Indessen kann Rousseau mit Condillac und Helvetius nicht übereinstimmen, welche die Sensation als die einzige Quelle der Ideen betrachten und deshalb die Reflexion einfach zu einer

---

Corresp. inédites de J.-J. Rousseau, Streckeisen-Moultou, Paris 1861, S. 146, 152 ff.

[1]) J.-J. Rousseau übersetzt und erläutert · von E. von Sallwürk, Langensalza 1862, Buch I, § 128.

[2]) Emilübersetzung, B. II, 115. Vgl. Lockes Ess. II, ch. 1, § 21. Vgl. auch Tome III, 107. „Si la nature donne au cerveau d'un enfant cette souplesse qui le rend propre à recevoir toutes sortes d'impressions, ce n'est pas pour qu'on y g r a v e des noms des Rois etc.“

[3]) „Il n'y a rien dans l'esprit humain que ce qui s'y introduit par l'ex périence.“ Tome III, p. 339.

[4]) „Puisque nos sens sont les premiers instruments de nos con-noissances, les êtres corporels et sensibles sont les seuls dont nous ayons immédiatement l'idée.“ Tome III, 296. „Notre sensibilité est incontestablement antérieure à notre intelligence, et nous avons eu des sentiments avant des idées.“ Tome III, p. 341. Vgl. III. p. 180.

anderen Form der Sensation machen oder einfach zum Kanal, durch welchen die Ideen aus den Sinnen in den Geist dringen.[1]

Rousseau stimmt alsdann mit Locke in der Ansicht überein, dass diese zweite Quelle nicht eine verwandte oder eine höher entwickelte Sensation ist, sondern vielmehr die Wahrnehmung von der Thätigkeit des Geistes bei der Bearbeitung des ihm durch die Sensation zugeführten Stoffes, das ist, der durch die Sensation veranlassten Zustände und Wirkungen des geistigen Vermögens. Somit erkennt Rousseau die Sensation als die erste Bedingung der geistigen Thätigkeit an, aber auch eine innere Quelle als Bedingung für das Bewusstwerden einer solchen; in beiden Punkten in völliger Uebereinstimmung mit Locke.[2]

Bis hierher also hat offenbar Lockes Psychologie Rousseau zur Grundlage gedient. Die Seele nimmt die einfachen Vorstellungen durch äussere und innere Wahrnehmung auf. Bei der Ideenbildung aber betont Rousseau auf Schritt und Tritt die Aktivität des Geistes, Locke dessen Passivität.[3] Nach Locke sind die einfachen Ideen der Reflexion sowohl wie die der Sensation rein passiv empfangen, Rousseau aber leitet die Ideen von einem selbstthätigen Geistesvermögen ab, das die Sinneseindrücke unter sich verbindet und zum Bewusstsein bringt.

Da Rousseau in diesem Punkte ganz von Locke abweicht, so erkennt er auch nicht dieselben Stadien bei der Entwicklung der Ideen an und weicht auch in seiner Auffassung von dem Fortschritt einer solchen Entwicklung bedeutend von ihm ab.

Obgleich in Uebereinstimmung mit ihm Rousseau behauptet, dass durch die Thätigkeit der Sinne passive Eindrücke oder Abbilder der wahrgenommenen Gegenstände im Bewusstsein

---

[1]) Condillac, Traité des Sensations, 1754. (Vgl. Oeuvres et Corresp. inéd. de J.-J. Rousseau, p. 154.) Helvetius, De l'Esprit, 1758.

[2]) Tome III, p. 169, 296, 336. Sieh Rousseaus „Refutation du livre de l'Esprit." Tome V, 326 ff.

[3]) „Ich bin also kein einfach sinnliches und passives, sondern ein thätiges und denkendes Wesen; und, was auch die Philosophie darüber sage, ich mache Anspruch auf die Ehre zu denken." Emilübersetz. IV. 232.

entstehen, so nennt er doch diese durchaus elementaren Spiegelungen sinnlicher Objekte, nicht wie Locke bereits Ideen sondern „Bilder" (images). [1]) Diese Bilder sind, wie die einfachen Ideen Lockes, die Grundlage und Voraussetzung alles ferneren Denkens. Aus diesen elementaren Spiegelungen müssen also, durch die geistigen Vermögen, die Ideen, welche nach Rousseau nach ihren Beziehungen bestimmte Begriffe sind, erst gebildet werden. Dies geschieht durch zwei Vermögen: den Gemeinsinn (sens commun) und die Vernunft. [2]) Der „sens commun" oder innere Sinn ist die Fähigkeit die sinnlichen Elemente zu einem Gesammtbild zu vereinigen. Ohne diese zusammenfassende Thätigkeit würde keine Idee gebildet werden. [3]) Ausser diesem „sensus communis" ist auch die Vernunft bei der Bildung jeder Idee thätig. „Denn," sagt er, „aus der Vergleichung mehrerer auf einander folgender oder gleichzeitiger Empfindungen und aus dem Urteil, welches man über sie fällt, entsteht eine Art vermischter oder verknüpfter Empfindung, die ich Idee nenne." [4]) „Unsere Sinneswahrnehmungen sind rein passiver Natur, während alle unsere Perceptionen oder Ideen aus einem aktiven urteilenden Grundvermögen herstammen." [5]) Unter dem Wort I d e e versteht Rousseau, wie es auch Locke gethan hatte, alles das, was überhaupt ein Gegenstand des Verstandes ist. [6]) Nur behauptet Locke, dass der einfache Eindruck die Idee bildet ohne Thätigkeit vonseiten des Geistes,

---

[1]) „Avant l'âge de raison l'enfant ne reçoit pas des idées, mais des images: et il y a cette différence entre les unes et les autres, que les images ne sont pas que des peintures absolues des objets sensibles, et que les idées sont des notions des objets, déterminées par des rapports." Tome III, p. 100 ff. Vgl. III, p. 180.

[2]) Tome III, p. 229. Vgl. p. 180.

[3]) „Si nous étions purement passifs dans l'usage de nos sens, il n'y auroit entre eux aucune communication, il nous seroit impossible de connoître que le corps que nous touchons, et l'objet que nous voyons sont le même. Ou nous ne sentirions jamais rien hors de nous, ou il y auroit pour nous cinq substances sensibles, dont nous n'aurions nul moyen d'apercevoir l'identité." Tome III, p. 316. Vgl. p. 169. — Vgl. Lockes Ess. II, ch. 2, § 3.

[4]) Tome III, p. 229.

[5]) Tome III, p. 101.

[6]) Ess. I, ch. 8, § 8. Tome III (Émile), p. 169.

Rousseau dagegen, dass dieser Eindruck nur ein Bild (image) ist, das eine Idee wird blos durch das Vermögen der Zusammenfassung und des Urteils.

Dabei verwickelt sich Rousseau in eine Art Widerspruch, denn obwohl er das Urteil als notwendig für die Bildung jeder Idee betrachtet, setzt er doch in dies Vermögen viel weniger Vertrauen als Locke. [1]

Wegen dieses Misstrauens gegen das Urteilsvermögen vermeidet Rousseau eine Unterscheidung zwischen primären und sekundären Eigenschaften. Das Urteil ist nach ihm nicht fähig zu unterscheiden, ob die Eigenschaften den sinnlichen Gegenständen notwendigerweise angehören, oder nur in sofern als sie gewisse Empfindungen in uns hervorrufen, und mit Geringschätzung spricht er von einer solchen Teilung, deren Folgen nur allzusehr in den Extremen der materialistischen Richtungen zum Vorschein kamen. [2]

Die auf solche Art gebildeten Ideen teilt Rousseau nach Lockes Vorgang in einfache und zusammengesetzte. Jene sind Zusammenfassungen mehrerer Eindrücke oder Wahrnehmungen; diese, Zusammenfassungen mehrerer einfacher Ideen. [3] Das Vermögen, durch welches die einfachen Ideen gebildet werden, ist die sinnliche oder kindliche Vernunft (Vernunft des Knabenalters; raison sensitive ou puérile), das Vermögen zusammengesetzte Ideen zu bilden, die intellektuelle oder männliche Vernunft (Vernunft des Mannesalters; raison

---

[1] „Je sais seulement que la vérité est dans les choses et non pas dans mon esprit qui le juge, et que moins je mets du mien dans les jugements que j'en porte, plus je suis sûr d'approcher de la vérité." Tome III, p. 316 ff.

[2] „Ainsi toutes les disputes des idéalistes et matérialistes ne signifient rien pour moi: leurs distinctions sur l'apparence et la réalité des corps sont des chimères." Tome III, p. 315.

[3] Les idées simples ne sont que des sensations comparées. Il y a des jugements dans les simples sensations aussi bien que dans les sensations complexes, que j'appelle idées simples. Dans la sensation, le jugement est purement passif, il affirme qu' on sent ce qu' on sent. Dans la perception ou idée, le jugement est actif; il rapproche, il compare, il détermine des rapports que les sens ne déterminent pas. Voilà toute la différence, mais elle est grande." Tome III, p. 229. Vgl. 314 f.

intellectuelle ou humaine).[1]) Die Thätigkeit der ersten nennt er „Urteil,“ die der letzten „Schluss.“

Rousseau macht also nicht denselben Unterschied zwischen einfachen und zusammengesetzten Ideen wie Locke. Die Vernunft ist nach Rousseau ein Vermögen, das bei der Bildung beider Arten von Ideen thätig ist, da zur Bildung jeder Idee nicht nur „sentir,“ sondern auch „juger“ gehört.

Dieser Gegensatz in den Ansichten beider Philosophen spiegelt sich auch in ihren Erziehungslehren wieder. Auf seiner Auffassung der Ideenbildung beruht nämlich auch zum grossen Teil der negative Charakter von Rousseaus Erziehungstheorien. Während nach Locke die Bildung der Idee gleichzeitig mit dem Sinneseindruck ist,[2]) diese sogar möglicherweise schon im Mutterleib beginnen kann,[3]) was die Möglichkeit eines frühen Beginnes der Verstandesbildung in sich schliesst,[4]) tritt dagegen nach Rousseau der Anfang der Ideenbildung viel später ein; die geistigen Vermögen entwickeln sich viel langsamer als die körperlichen, und vor dem Alter der Vernunft kann ein Kind keine Ideen haben.[5]) Deshalb verlangt er, dass die erste Erziehung rein negativ sein soll und fordert, dass der Zeitpunkt für den Beginn der wirklichen Erziehung mit Rücksicht darauf ausgewählt werde [6])

Wie sich aus der Natur von Rousseaus Schrift ergibt, entwickelt er die weiteren Vermögen nicht so systematisch wie Locke. Seine Absicht war viel mehr, die mechanische

---

[1]) „Ainsi ce que j'appelois raison sensitive ou puérile consiste à former des idées simples par le concours de plusieurs sensations; ce que j'appelle raison intellectuelle ou humaine consiste à former des idées complexes par le concours de plusieurs idées simples.“ Tome III, p. 169. Vgl. p. 315.

[2]) Ess. II, ch. 1, § 23.

[3]) Ebend. ch. 9, § 5 ff.

[4]) Thoughts § 44, Ess. II, ch. 1, § 9.

[5]) „Avant l'âge de raison l'enfant ne reçoit pas des idées, mais des images“ III, 100 ff. „Si les enfants sautoient tout d'un coup de la mamelle à l'âge de raison, l'éducation qu'on leur donne pourroit leur convenir; mais, selon le progrès naturel, il leur en faut une toute contraire.“ III, p. 81. Vgl. III, p. 100 ff. und p. 41.

[6]) „Cette éducation solitaire serait donc préférable, quand elle ne ferait que donner à l'enfance le temps de mûrir.“ Tome III, p. 98.

Erkenntnistheorie seiner Zeit zu widerlegen als eine vollständige Geschichte der Verstandesentwicklung zu geben. Darum liegt ihm wenig daran die geistigen Vermögen, welche die sinnlichen Affektionen bearbeiten und welche zusammen den menschlichen Verstand ausmachen, von einander zu unterscheiden oder sie zu benennen. Sie werden in seiner Darstellung einfach empirisch vorgefunden und entwickeln sich in der Begriffsbildung. [1]

Einige Aufmerksamkeit widmet er jedoch dem Gedächtnis, welches er als das Vermögen bezeichnet, die Ideen mit ihren Zeichen aufzubewahren. Dieses Vermögen, welches er „régistre" nennt, macht er durchaus von dem Erkenntnisprozess abhängig; somit wird in diesem besonderen Punkt die „tabula rasa" Auffassung von dem ursprünglichen Zustand des Geistes von Rousseau noch logischer als von Locke durchgeführt. [2]

So gründet Rousseau seine Erkenntnislehre auf Locke. Aus den Sinneswahrnehmungen entstehen Bilder, und durch Vergleichung und Beziehung der so gewonnenen Bilder vollzieht sich die Begriffsbildung, durch welche die Ideen entstehen. Alle sinnlichen Ideen entstehen aus der Erfahrung, und solche Ideen bilden die Grundlage aller weiteren Entwicklung. Doch in scharfem Gegensatz zu Locke theilt er schon bei der Bildung der einfachen Ideen dem Geiste eine thätige und nicht blos eine passive Rolle zu.

Noch in einem andern Punkte weicht Rousseau ganz von Locke ab. Indem er die Produktivität des Geistes aufs schärfste gegen die Erklärungen der Materialisten betonen will, erhebt er das Gefühl zu einer selbstthätigen Quelle der Ideen und reiht es unter die Verstandesoperationen ein. Dieses Vermögen des Geistes ist den anderen nicht nur an Bedeutung gleich, sondern sogar ihnen in mancher Hinsicht übergeordnet. Denn das Gefühl überzeugt besser als die Vernunft. Neben der äussern Erfahrung gewinnen wir durch dieses Gefühl unsere Ideen

---

[1] Tome III, pp. 316, 106, 112, 172, 101.

[2] Tome III, p. 100 ff. „Refutation du Livre de l'Esprit" Tome V, p. 326. Nouv. Hél. Tome II, p. 525 ff. Mechanisches Gedächtnis Tome III, p. 107 f.

nicht nur vom Guten und Bösen, sondern auch von dem Willen, von der Kraft, von der Seele und von Gott.[1])

Indem Rousseau so in die Erkenntnistheorie dieses Element einführt, das nicht blos den Theorien Lockes ganz fremd ist, sondern ihm selbst völlig zu eigen gehört, bahnt er sich in seiner Erkenntnislehre den Weg zu der ferneren Entwicklung des Gefühls, der Basis und Richtschnur seines ganzen Systems der Moral.

Somit hat sich Rousseau aus Lockes Erkenntnistheorie alles angeeignet, worin er nicht eine materialistische Tendenz erblickte, und was nicht mit seiner Gefühls- oder Gemütsphilosophie in Konflikt trat. Wenn er aber in Lockes Lehren irgendsolche Tendenzen fand, so bekämpfte er sie mit grosser Heftigkeit.

Diese eklektische Methode zeigt sich besonders in seiner Bekämpfung von Lockes Auffassung der Substanz. In der Hauptsache zwar stimmt Rousseau Lockes Auffassung der Substanz, welche er die grösste Abstraktion nennt, bei, wie es auch bei den Ideen der Materie und der Seele der Fall ist;[2]) wenn aber Locke darauf hinweist, dass wir keine Möglichkeit haben zu wissen, ob Gott der Materie die Kraft des Denkens verliehen hat oder nicht, ein Punkt, den Voltaire schärfer hervorhebt,[3]) so sieht Rousseau darin eines der Grundprinzipien des Materialismus. Eine solche Annahme würde seinen Beweis für die Immaterialität und Unsterblichkeit der Seele untergraben, wie auch den für eine notwendige äussere Ursache der Stoffbewegung, und damit die ganze Basis seiner Moral erschüttern. Diesen Satz bekämpft Rousseau deshalb mit Schärfe: „Denke

---

[1]) Tome III, p. 318. Vgl. 328, 317 ff., 324 ff., 332, 341.

[2]) „Newton fit voir que l'essence de la matière ne consiste point dans l'étendue; Locke fit voir que l'essence de l'âme ne consiste point dans la pensée: adieu toute la philosophie du sage et methodique Descartes"; Oeuvres et corresp. inéd. p. 155. Vgl. Tome III, p. 314 ff. p. 326 f.

[3]) „We have ideas of matter and of thinking, but possibly shall never be able to know whether mere material being thinks or no." Ess. Tome IV, ch. 3, § 6. Sieh „Âme" Philosophisches Wörterbuch Bd. 37 S. 183 f. Vgl. Hettner Literaturgesch. des 18. Jahrh. 4. Aufl. 1881 Bd. II, 2, S. 178 „Voltaire als Philosoph."

darüber nach; ich selbst brauche, was auch Locke sagen mag,
die Materie nur als ausgedehnt und teilbar zu erkennen, um
versichert zu sein, dass sie nicht denken kann; und wenn ein
Philosoph mir sagt, die Bäume empfinden und die Felsen
denken, und mich durch seine spitzfindige Beweisführung fangen
will, so kann ich in ihm nur einen unredlichen Sophisten sehen,
der lieber den Steinen Empfindung geben will als dem Menschen
eine Seele."[1]

Indessen hat Rousseau hiermit nicht Lockes Lehren
gekennzeichnet, Locke beabsichtigt mit dem obigen Hinweis
nur, die Grenzen des menschlichen Wissens und die Allmacht
Gottes hervorzuheben,[2] worin Rousseau sonst mit ihm übereinstimmt.[3] Rousseaus Widerlegung gilt vielmehr den ver-
hassten Lehren der Materialisten, welche darauf ausgingen,
die Schranken zwischen Denken und Materie zu beseitigen.
Also ist diese Gegnerschaft gegen Locke nur eine scheinbare;
auch hier ist Rousseau doch sein Schüler.

2. Die Ethik.

(Natur; Gewissen, Wille und Freiheit; Tugend, Gott und Seele.)

Die „tabula rasa" Erkenntnistheorie, nach welcher der
Geist die ihm durch die Sinneseindrücke zugeführten Ideen
rein passiv aufnimmt, und die Moralphilosophie, welche den
Willen zu einer ausschliesslich durch Empfindungen von Lust
und Unlust bestimmten Funktion erniedrigt, entartete in Frankreich zu einer Auffassung des menschlichen Geistes, welche am
besten durch den Ausdruck „l'homme machine" gekennzeichnet
wird.[4]

---

[1] Emilübersetzung IV, § 260.

[2] Ess. IV, ch. 3, § 6 med.

[3] „Nous ne connaissons pas une seule substance dans l'univers,
nous ne sommes pas même sûrs d'en voir la surface, et nous voulons
sonder l'abîme de la nature." Oeuvres et Cor. inéd. p. 157.

[4] Neuen Antrieb bekam überdies diese materialistische Phase der
Locke'schen Philosophie in Frankreich durch Newtons Naturanschauung,
welche durch Voltaires Schriften („Éléments de la philos. de Newton,
mis à la portée de tout le monde." Amst. 1738, und „La Métaphysique
de Newton ou parallèle de Newton et de Leibnitz." Amst. 1740)
weiteren Kreisen bekannt geworden war.

Das Glaubensbekenntnis des Materialismus ist klar ausgesprochen in der Schrift von Rousseaus früherem Freunde Diderot: „Pensées sur l'interprétation de la nature" 1753. [1]) Dieser Materialismus, welcher die Bewegung als Eigenschaft des Stoffes fasst und Entstehen und Vergehen in der Natur nur durch Bewegung ihrer kleinsten Teile geschehen lässt, schliesst notwendigerweise die Einwirkung eines höheren Wesens aus und bestreitet die Geistigkeit und Unsterblichkeit der Seele, die Freiheit oder vielmehr das Vorhandensein eines menschlichen Willens und den angeborenen moralischen Sinn. So wird Sensation das Prinzip aller Erkenntnis, und Egoismus das Prinzip aller Moral, und der Mensch wird in Wirklichkeit eine vollkommener organisirte Maschine. [2])

Diese Philosophie kennzeichnet das Stadium der französischen Aufklärung, in welchem Rousseau eine bedeutende Rolle zu spielen berufen war. Obgleich auch ein Kind jener Geistesrichtung, war er doch zugleich auch ihr Gegner. Er teilt zwar mit ihr die ausgesprochene Opposition **gegen** alles Unfreie und Verkehrte und auch die scharfe Polemik **gegen** alles was ausschliesslich auf Gewohnheit und Autorität gegründet war, aber der starre Verstandeskultus dieser Schule, welche alle Prinzipien, selbst die der Moral, rein und ausschliesslich aus dem Verstande ableitet und auf denselben gründet, ist seiner Natur zuwider, und er klagt oft: „Nous vivons dans le climat et dans le siècle de la philosophie et de la raison." [3]) Sein Wortschatz zeigt, wie sorgfältig er die Schriften dieser Schule gelesen hat.

Nach Rousseaus Ansicht hat der Verstand sich eines Uebergriffs auf das Gebiet des Gefühls schuldig gemacht, und er weist nach, wie falsch es ist, die Moralphilosophie aus dem Verstande abzuleiten. Die Moral kann nur auf ein angeborenes natürliches Gefühl gegründet werden, welches bei allen Menschen übereinstimmt und überzeugender und zuverlässiger ist als die Vernunft. Dies aber findet Rousseau jedem Menschen angeboren.

---

[1]) „Système de la nature" erschien erst 1770.

[2]) Vgl. Kuno Fischer; Francis Bacon und s. Nachf. 2te Aufl. 1875, S. 665 ff.

[3]) Oeuvres et Corresp. inédites, p. 149.

Er macht also zum Grundsatz seiner ganzen Ethik, „le sentiment est plus que la raison." Somit führt Rousseau in den Naturalismus, auf welchen die Materialisten und Skeptiker ihre Theorien aufgebaut haben, das korrektive Element des Gefühls ein, eine Entdeckung in der anthropologischen Welt, welche Kant in ihrer Wichtigkeit und ihrem Ergebnisse derjenigen Newtons in der kosmologischen gleichstellt. [1]

Da es nun Rousseaus Absicht war, die Moral auf einer ganz neuen Grundlage zu begründen, und dadurch die materialistischen Lehren zu widerlegen, so ist er in erster Linie ein Moralphilosoph, und in dieser Philosophie liegt seine Hauptbedeutung. Die Aufgabe seiner Moralphilosophie hat Rousseau hauptsächlich zu lösen gesucht in der: „Profession de foi du vicaire savoyard." Diese Offenbarung der menschlichen Naturrechte und der angeborenen Gefühlsbedürfnisse ist also mehr als eine „Episode" des Émile. Es ist vielmehr die Grundlegung und der Kern des ganzen Systems. [2]

1. Die Natur. Die Deisten des Altertums sowie die der neuern Zeit waren gleicherweise bemüht, das Rätsel von der Rechtfertigung des Uebels zu lösen. Diese Aufgabe macht sich Rousseau leicht, indem er, wie schon vor ihm Shaftesbury und Pope, das ursprüngliche Uebel in der Welt verneint und die ursprüngliche Reinheit der Natur behauptet. Rousseau folgte in diesem Punkte der Führung von Lockes Schüler Shaftesbury, welcher die schwache Seite von Lockes Philosophie entdeckte und zu den natürlichen Konsequenzen von Lockes Moralphilosophie eine ähnliche Stellung einnahm, wie nachher Rousseau. In direktem Widerspruch mit Locke behauptet Shaftesbury die Ursprünglichkeit und Unabhängigkeit des sittlichen Sinnes. Die Liebe zum Guten und Harmonischen ist

---

[1] Kants sämmtl. Werke, herausgegeb. von Rosenkranz und Schubert. Th. IX, Abth. I, S. 218. Sieh Kuno Fischer, Im. Kant und seine Lehre, 3. Aufl. 1889. Th. I, S. 225 f.

[2] Eine vortreffliche Quelle für Rousseaus moralische Theorien ist sein Brief an M. de Beaumont (Tome III, p. 651.), eine Widerlegung des vom Bischof von Paris auf „Émile" gemachten Angriffes. Diese Widerlegung hat grosse Aehnlichkeit mit der Vertheidigung Lockes gegen den Angriff des Bischofs Stillingfleet von Worcester auf seine Ethik. Works I.

der menschlichen Natur angeboren. Indem er seine Ethik auf dieses Gefühl aufbaut, behauptet Shaftesbury, dass die Natur ursprünglich rein und gut ist, und dass alles Uebel in der Entfernung von ihr seinen Ursprung hat. [1])

Dies ist auch Rousseaus Ausgangspunkt und seine Grundlage bei dem Aufbau seines ethischen Systems. Alles ist im natürlichen Zustand gut, und alles Uebel und alle Verderbnis haben ihre Ursache und ihre Begründung in der sozialen Ordnung. Die sozialen Forderungen stehen also in direktem Widerspruch zu den Rechten der menschlichen Natur, und das einzige Mittel der allgemeinen Entartung zu entgehen, ist die Rückkehr zur Natur.

Dieser Gegensatz zwischen Natur und Kultur, mit welchem Rousseau den Émile eröffnet, bildet das Hauptthema für das ganze Buch. [2]) Seine Aufgabe ist es, die ursprüngliche reine Menschennatur kennen zu lehren, um die Mittel zu bestimmen, durch welche die allgemeine Entartung verhindert werden kann. Doch ist Rousseau bei seinem Kampf gegen die Ueberbildung seiner Zeit, durch seine Auffassung der Natur, zu allzu extremen Behauptungen geführt worden. In der Kultur kann er nichts mehr von Natur erblicken; diese ist für ihn der ungezwungene Lauf, den die Dinge, sich selbst überlassen, von selbst nehmen. Bacon und Locke betrachteten die Natur als eine Dienerin, und ihr Bestreben war, sie dem Menschen und seinen Zwecken unterzuordnen. Rousseau dagegen in seiner Ueberzeugung von der Unfehlbarkeit der Natur ordnet ihr den Menschen unter. Bacons Forderung war die Natur zu studieren, damit sie zu unseren Zwecken geleitet und gelenkt werde; Rousseaus Philosophie verlangt, dass wir die Natur studieren, damit sie uns als Führerin diene. Die Idee der Naturgemässheit ist wohl auch in Lockes Philosophie enthalten, doch weicht Rousseau, indem er sie zum Ausgangspunkt und zur Grundlage seiner ganzen Moralphilosophie nimmt, bedeutend von Lockes Auf-

---

[1]) **Shaftesbury**, Characteristics of men, manners, opinions, times. 3 vols. 1711. London. III, 411 ff., 359, 345. Sieh **Rousseau** über **Shaftesbury**, Oeuvres et Corres. inéd. p. 147.

[2]) „Tont est bien sortant des mains de l'auteur des choses u. s. w.

fassung der Natur ab. Denn dieser betrachtet die Natur, die
ihm weder gut noch schlecht erscheint, keineswegs als vollkommen und sieht als Zweck der Erziehung an, die uns von
Natur aus anhaftenden Mängel zu beseitigen. [2])

Rousseaus Fehler bei seiner Auffassung der Natur liegt
auf der Hand. Wäre das Wirken der Natur vollkommen, so
könnte jedes Handeln nur als eine höchst überflüssige Einmischung erscheinen, durch die nichts gebessert, also nur eine
Verschlechterung des Bestehenden bewirkt werden könnte.
Immerhin aber behält Rousseaus Auffassung der Natur ihre
Bedeutung wegen der Anregung, welche sie zu neuer wissen-
schaftlicher Betrachtung über Natur und Kultur gegeben hat.

2. Gewissen, Wille und Freiheit. Bei der Aufstellung seines Moralprinzips hatte Rousseau zwei Lehren zu
widerlegen; die der Materialisten, welche die Willensfreiheit
leugneten und den Egoismus zur Triebfeder alles Handelns
machten, und die Lockes und Voltaires, welche die Moral als
ein Produkt der Gewohnheit und der Verhältnisse betrachteten
und deshalb die Möglichkeit eines angeborenen universellen
Sittengesetzes in Abrede stellten.

Das Prinzip der Materialisten, welche die Existenz eines
sittlichen Bewusstseins leugnen, widerlegt Rousseau, indem er
zeigt, dass „eine Maschine nicht denkt; weder Bewegung noch
Gestalt sind genügend um Denken hervorzurufen.“ [1]) Dann
handeln die Menschen nicht blos aus reinem Egoismus; woher
käme es sonst, dass der Gerechte gegen sein Interesse handelt?
Wie kann man zu seinem Vorteil in den Tod gehen? [2]) Solch
ein Prinzip ist, da sich damit nicht einmal die einfachsten
Handlungen erklären lassen, völlig unhaltbar.

Der Widerlegung von Lockes Lehre schenkt Rousseau
noch mehr Sorgfalt. Locke hatte einen Teil seines Beweises

---

[1]) Thougths § 139, vgl. 101, 67, 29, 65, 167. In seiner Auffassung
des Naturzustandes der Menschen im Staate ist Rousseau Locke
gefolgt: im Naturzustande herrscht Liebe und Friede und der Staat

für das Nichtvorhandensein angeborener Ideen auf die angebliche Thatsache gegründet, dass die Begriffe von Tugend und Moral je nach der Verschiedenheit von Völkern und Zeiten verschieden seien. [1]) Die Richtigkeit dieser Behauptung stellt Rousseau, wie es seine Vorstellung von der Unfehlbarkeit der Natur notwendig erfordert, rundweg in Abrede und gründet vielmehr auf die Behauptung von der Richtigkeit des Gegenteils seine Theorie eines angeborenen universellen Moralprinzips. Er sagt: „Blicke auf alle Völker der Welt, durchfliege die ganze Geschichte. Bei so vielen unmenschlichen und verzerrten Formen der Gottesverehrung, bei dieser ausserordentlichen Verschiedenheit von Sitten und Charakteren findest du dieselben Vorstellungen von Gerechtigkeit und Ehrbarkeit, überall die nämlichen sittlichen Grundsätze, überall dieselben Begriffe von Gut und Schlecht." [2]) Diese allgemeine Uebereinstimmung der Begriffe von Sittlichkeit, welche bisher von der Philosophie entweder geleugnet oder unerwiesen gelassen war, erklärt Rousseau durch ein neues, angeborenes Prinzip der Tugend. „Es wohnt also in unserem innersten Herzen ein angeborenes Gesetz der Gerechtigkeit und Tugend, nach welchem wir trotz unseren eigenen Grundsätzen unsere und fremde Handlungen als gut oder schlecht beurteilen; diesem Gesetz nun gebe ich den Namen Gewissen." [3])

Da also die Verstandestheorie ausserstand gewesen war, dieses universelle Prinzip zu erklären, und da Rousseaus Doktrinen in völligem Widerspruch zu den herrschenden Theorien standen, so findet er es für notwendig, diese aufzugeben und ein Prinzip des Gewissens völlig getrennt und unabhängig vom Verstand aufzustellen. Daher scheidet er seine Ethik so weit als möglich von seiner Erkenntnistheorie und gibt ihr eine ganz selbstständige Quelle der Ideen. Wie er also alle theoretische Erkenntnis aus der Sinneswahrnehmung ableitete, so leitet er alle moralische Erkenntnis aus dem Bewusstsein des moralischen Sinnes oder des natürlichen

---

[1]) Ess. I, ch. 3, § 6 f.
[2]) Emilübers. IV, § 288; R. citirt Voltaire I, § 11.

Gefühls ab.[1]) Hier aber gerät Rousseau in Dunkelheit und Widerspruch. Es kommt zu einem Konflikt zwischen der Vernunft, welche unter Einflüssen von aussen her gebildet wird, und dem Gewissen als einem von derartigen Einflüssen ganz unabhängigen Vermögen. In der Nouvelle Héloïse sagt Rousseau:

„Gott (l'Être suprême) hat uns die Vernunft gegeben, damit wir das Gute erkennen, das Gewissen, damit wir es lieben, die Freiheit, damit wir es wählen." Und wieder im Émile: „Durch die Vernunft allein kommen wir zur Erkenntnis des Guten und Bösen. Das Gewissen, das uns das eine lieben, das andere hassen lehrt, kann sich daher, obwohl von der Vernunft unabhängig, ohne sie nicht entwickeln."[2]) Hier ist das Gewissen nur eine Bestätigung des rechtskräftigen Verstandesurteils, ein Gefühl, das völlig vom Verstand abhängt und ohne diesen blind wäre. Dies weicht nicht allzu weit ab von Lockes Auffassung des Gewissens. „Das Gewissen ist nur die eigene Meinung oder Ansicht von der moralischen Rechtlichkeit oder Schlechtigkeit unserer Handlungen."[3])

Aber wie sollen wir das zusammenreimen mit Rousseaus berühmtem Loblied auf das Gewissen,[4]) wo das Gewissen eine himmlische Stimme, ein sicherer Führer, ein unfehlbarer Richter ist? Wenn, wie Rousseau uns eben versichert hat, die Vernunft allein uns lehrt, das Gute und das Schlechte erkennen, und wenn das Gewissen, das uns Liebe zu dem einen und Hass gegen das andere einflösst, sich ohne die Vernunft nicht entwickeln kann, wie kann denn dieses selbe Gewissen der Führer der Vernunft und der unfehlbare Richter über Gut und Schlecht werden? Und wie soll man ferner jene Ansicht mit der Behauptung Rousseaus vereinbaren, dass das Gewissen in

---

[1]) Tome III, p. 341. Vgl. p. 336. „Je ne crois donc, mon ami, qu'il soit impossible d'expliquer pas des conséquences de notre nature le principe immédiat de la conscience, indépendant de la raison même." — „Grace au ciel, nous voilà délivrés de tout cet effrayant appareil de philosophie."

[2]) Emilübersetz. I, § 156.

[3]) Ess. I, ch. 3, § 8.

[4]) Tome III, p. 342.

direktem Widerspruch zur Vernunft steht und beide Prinzipien im Kampfe mit einander liegen?[1])

Hier zeigt es sich klar, dass wir von Rousseau keine systematische Darstellung erwarten können. Sein Zweck ist, die gegnerischen Systeme zu widerlegen, und dies lässt ihn nach der ersten besten Lehre greifen, die als Waffe gegen jene zur Hand ist. Was ihn aber zu diesem Widerspruch geführt hat, war allzu enge Anlehnung an Locke. Wer diesem folgt, dem muss die Vernunft die höchste Instanz sein, und der muss mit Notwendigkeit das Gute wählen nach seinem Urteile. Auch Rousseau wurde, wie wir gesehen haben, durch seinen Empirismus zeitweise zu dieser Anschauung geführt, wo ihm dann das Gewissen zu einer Stimme der Billigung und der Beistimmung herabsank. Dies steht notwendigerweise in Widerspruch zu der Theorie, welche das Gewissen völlig unabhängig vom Verstand und zu seinem nie irreleitenden Führer macht.[2])

Wille und Freiheit. Da Rousseau jede Handlung für abhängig vom Willen hält, so ist es von Wichtigkeit uns über seine Vorstellung vom Willen klar zu werden und dessen Beziehungen zum Gewissen und zur Freiheit ins Auge zu fassen.

Von dem Willen haben wir eine intuitive und eine demonstrative Erkenntnis. Aus seinen Aeusserungen in dem Hervorbringen von Bewegung und aus dem inneren Gefühl gewinnen wir Kenntnis von ihm.[3]) Die Materialisten hatten die Freiheit des Willens verneint, insofern sie die Geistigkeit der Seele bestritten. Rousseau aber sagt: „kein materielles Wesen ist aus sich selbst thätig; ich aber bin es." Diese Kraft, welche die Bewegung hervorbringt, ist der Wille. Und

---

[1]) Tome III, pp. 336, 339, 341 ff. Vergl. ferner Tome III, p. 49, p. 269, wo das Gewissen ein der Vernunft untergeordneter Trieb ist, und Tome III, pp. 348, 342, 336, wo das Gewissen unabhängig von der Vernunft oder gar ihr Führer ist.

[2]) Diese Widersprüche finden sich, wenn auch die „Profession de foi" auch nicht frei von ihnen ist, hauptsächlich zwischen den ersten drei Büchern des „Émile", in denen er Lockes Erkenntnistheorie eng folgt, und Buch IV, wo er ganz unabhängig die Herrschaft der Vernunft, den Eckpfeiler aller materialistischen Lehren, umzustossen sucht.

da der Wille die Kraft des Wollens immer besitzt, ist er frei.
Denn, „wenn der Mensch thätig und frei ist, handelt er aus
sich selbst; alles was er aus freier Bestimmung thut, gehört
nicht in das geordnete System der Vorsehung und kann ihr
nicht aufgerechnet werden."[1]) Freiheit ist also eine Eigenschaft
des Willens, und sie macht Rousseau zur charakteristischen
Eigenschaft des Menschen. „La nature commande à tout
animal, et la bête obéit. L'homme éprouve la même impression,
mais il se reconnoît libre d'acquiescer ou de résister."[2])
Willensfreiheit versteht Rousseau also in demselben Sinn wie
Locke und er warnt wie dieser vor einer Verwechselung derselben mit der Freiheit des Handelns. „Die Kraft zu wollen
habe ich immer, aber nicht die Kraft auszuführen." Diese
Freiheit des Willens wird übrigens nicht im geringsten durch
den Umstand beeinträchtigt, dass seine Richtung eine von vorn-
herein festgesetzte ist. Gerade, dass die Willensrichtung
bestimmt ist, macht, wie Rousseau in Uebereinstimmung mit
Locke bemerkt, den Menschen frei, und die wirkliche Freiheit
besteht in dem richtigen Verhältnis zwischen Wollen und
Können. [3])

Obwohl also der Wille die Freiheit zu wollen immer
besitzt, wird seine Richtung bestimmt durch das, was „dem
Geiste gut und zuträglich ist." Der Trieb, welcher uns dieses
lehrt, ist die Selbstliebe, welche, wie Rousseau zeigt, in ihrer
natürlichen Beschaffenheit eine gute und notwendige Eigenschaft
ist. Diese Selbstliebe ist zweifacher Art: erstlich, rein sinnlich
und auf das Wohlbehagen und die Erhaltung des Körpers
gerichtet. Als solche steht sie zuerst unter dem Gebot der
Vernunft, welche Rousseau „le guide de l'amour-propre" nennt,
bis zu dem Zeitpunkt, wo das Gewissen erwacht, das dann
auf das Wohlsein der Seele gerichtet ist. [4]) Wenn dieses
Prinzip einmal erwacht ist und uns Liebe zum Guten und Hass
gegen das Schlechte einzuflössen angefangen hat, so fordert es
vom Willen Gehorsam ohne Rücksicht auf Vorteil oder Nachteil.

---

[1]) Tome III, 328 f. Uebersetz. IV, 267 f.
[2]) Disc. sur l'origine et les fondements de l'inégalité etc. Tome IV, 139.

Indessen macht Rousseau das Gewissen nicht nur zu einer angeborenen Erkenntnis des Guten und Bösen, sondern erweitert es in einer Weise, dass es auch die Liebe des Menschen zu seinem Mitmenschen und das Gefühl der Harmonie mit seiner Umgebung umfasst, ein Gefühl, aus dem dann die Ideen der Gerechtigkeit und der Ordnung entspringen. So gelangt Rousseau zu der Verbindung von Gewissen und gutem Geschmack, von Moral und Aesthetik. Die Verwirklichung dieser angeborenen Ideen ist die Tugend.[1]) Hier hat sich Rousseau eng an Shaftesbury angeschlossen, der das harmonische Verhältnis unserer Neigungen, d. h. die richtige Proportion zwischen Selbstliebe und Wohlwollen, die Schönheit des Empfindens nannte, und ihren Willensausdruck die Schönheit des Handelns.[2])

3. **Tugend.** In der Frage also, welcher Trieb den Willen bestimmt, besteht ein auffallender Gegensatz zwischen der Ethik Lockes und Rousseaus, welcher sie zu sehr verschiedenen Auffassungen der Tugend und ihrer Grundlage führt. Nach Locke erkennt man Gut und Böse nur aus ihren Folgen, und die Tugend kann nur nach vernunftmässig festgestellten Gesetzen bemessen werden. Nach Rousseau aber kann der Verstand, der für seine Entfaltung auf wirkende Kräfte aus der künstlichen und gesellschaftlichen Welt angewiesen ist, seine ursprüngliche Reinheit nicht bewahrt haben und deshalb zwischen Gut und Böse nicht unterscheiden. Rousseau könnte sich also an Locke gewandt haben, wenn er die Frage aufwirft: „Mag man immerhin die Tugend auf die Vernunft allein gründen wollen, welche feste Grundlage kann man ihr geben?" Hier ist Rousseau mit seiner Idee der Tugend weit über Locke hinausgegangen. Einen wirklich sittlichen Trieb konnte Locke nicht finden und nahm seine Zuflucht zur Lustlehre. Rousseau dagegen macht die Tugend zur Erfüllung derjenigen Ideen und Ideale von Gut und Böse, welche der menschlichen Natur angeboren sind. Eine Erfüllung dieser Ideale fordert das Gewissen ohne Antrieb durch Strafe oder Belohnung, rein aus Pflichtgefühl oder aus Freude am

---

[1]) Tome III, p. 407 ff., vgl. p. 330.
[2]) Kuno Fischer, Im. Kant und seine Lehre. 3. Aufl., Bd. I, 231.
[3]) Tome III, 349 ff.

Gutesthun. „Das Gefallen am Gutesthun ist der Lohn der guten That." [1]

4. Gott. Die Materialisten hatten, indem sie die Bewegung zu einem Attribut der Materie machten, das Dasein Gottes, wie sie dachten, überflüssig gemacht und es daher geleugnet. Rousseau bekämpft ihre Voraussetzungen. Da wir die Materie bald in Bewegung, bald in Ruhe finden, so kann weder die eine noch die andere an ihr wesentlich sein, und da, wie wir durch unsere eigenen Handlungen erfahren, keine physische Thätigkeit ohne psychische stattfinden kann, so kann es keine Bewegung ohne Willen geben. Diesen kosmologischen Beweis entwickelt er weiter zu einem teleologischen. Da wir nichts durch Zufall sich ereignen sehen, sondern alles zweckmässig und harmonisch angeordnet ist, so entdecken wir in allem einen intelligenten Willen. Hier ist Rousseau also Locke und Voltaire eng gefolgt. Von Gott haben wir keine angeborene Vorstellung, sondern wir erkennen ihn nur aus seinen Werken. [2]

Indessen greift Rousseau bei der Entwicklung der Gottesidee nicht nur den Materialismus an, sondern auch den Offenbarungsglauben der Kirche. [3] Hierbei kämpft er mit denselben Waffen wie die englischen Freidenker. [4] Die Offenbarung erniedrigt Gott, indem sie ihm menschliche Attribute beilegt, und da das menschliche Denken und Empfinden und das innere Gefühl ein sicheres Zeugnis für das Dasein Gottes und die Unsterblichkeit der Seele gibt, wozu die Notwendigkeit einer übermenschlichen Offenbarung? Dem Bibelglauben gegenüber nehmen also Rousseau sowohl als Locke eine kritische Stellung ein. Indem jedoch Rousseau die Ueberflüssigkeit der Offenbarung beweist, ist er kritischer als Locke, greift aber dabei mehr die Kirche als den Glauben an.

Rousseau also wie Locke machen die christliche Religion, Locke, weil er in ihr nichts findet, was der Vernunft widerstreitet und Rousseau, weil er dieselbe nur als eine bessere

[1] Tome III, p. 342 f.
[2] Ebend. pp. 317 ff., 319, 321.
[3] Ebend. p. 348 ff.
[4] Vgl. Leslie Stephens, Hist. of Engl. Thought in the 18th Cent. 2 vols., 1876.

Fassung der „natürlichen Religion" betrachtet, zur letzten Grundlage ihrer Sittenlehre. [1]

5. Die Seele. Die Materialisten haben die Geistigkeit
und Unsterblichkeit der Seele geleugnet. Im Gegensatz zu
dieser Lehre erkennt Rousseau im Menschen zwei Substanzen,
die immaterielle und unsterbliche, und die materielle und
sterbliche; die Seele und den Körper. Die Seele ist ihm das
Bewegende, der Körper das Träge, das Tote. Die Verbindung
dieser zwei Substanzen kennzeichnet Rousseau als einen
„gewaltsamen Zustand"; der getrennte Zustand ist erst der
natürliche. [2] Locke hatte behauptet, dass wir keine Idee von
der Immaterialität der Seele haben und dass diese auch nicht
durch Vernunftschlüsse bewiesen werden könne, sondern nur
durch Offenbarung zu unserer Kenntnis gelangt sei, Rousseau
dagegen schliesst, dass sich die Immaterialität der Seele notwendigerweise aus der Willensfreiheit und der unabhängigen
Thätigkeit des Geistes ergebe. Gott ist der Seele, was diese
für den Körper ist: das aktive Prinzip. In der Aufnahme
dieses platonisch-scholastischen Begriffs weicht er ganz von
Locke ab und geht auf den Descartes-Leibnitz'schen Dualismus
zurück. [3]

Indessen ist Rousseau bei seiner Entwicklung von der Idee
der Seele nicht konsequent gewesen. Die Annahme einer
beständigen Vereinigung Gottes mit der Seele würde notwendig
zu der Annahme einer Beschränkung der Willensfreiheit vonseiten der Vorsehung führen, eine Ansicht, welche Rousseau
widerlegt hat. [4] Zudem müsste er, der in der Seele eine völlig
immaterielle, vom Körper unabhängige Substanz sieht, das
Denken zu ihrem Grundwesen machen. Die Seele müsste

---

[1] „Vous ne voyez dans mon exposé que la religion naturelle."
Tome III, p. 348. „Le vrai christianisme n'est que religion naturelle
mieux expliquée." Brief an M. Petit-Pierre VII, p. 477. „Non, mon
digne ami, ce n'est point sur quelques feuilles éparses qu'il faut cher-
cher la loi de Dieu, mais dans le coeur de l'homme où sa main daigna
l'écrire." Brief an M. Vernes, le 25. Mars 1758. Tome VII, p. 224.

[2] Tome III, p. 344.

[3] Ebend. pp. 329, 331 ff., 344.

[4] Vgl. Oeuvres et Corres. inéd. p. 155, 157.

unaufhörlich denken, wovon Rousseau selbst die Möglichkeit geleugnet hat.

Die vielen Inkonsequenzen, in welche Rousseau bei der Darstellung der Ethik gefallen ist, müssen uns zeigen, dass wir auch auf diesem Gebiet von ihm nichts Systematisches erwarten dürfen. Seine Absicht war, den Materialismus ein für allemal zu vernichten, koste es auch, was es wolle, und ferner dem unfruchtbaren Kirchenglauben wieder Leben und Naturfrische einzuflössen. Nach Shaftesbury, den englischen Moralphilosophen und Voltaire war dieser Versuch nicht neu, Rousseaus Originalität bestand vielmehr in der Phantasie und Begeisterung, mit der er alle Gedanken belebte, sowie in der klassischen Form, in die er seine Ideen kleidete. Unter dem Eindruck dieser Vorzüge blieben seine Widersprüche unbemerkt, und Ueberzeugung drängte sich allen Gemütern auf, sogar Kant sagt: „Ich muss den Rousseau so lange lesen, bis mich die Schönheit der Ausdrücke nicht mehr stört und dann kann ich allererst ihn mit Vernunft übersehen." [1])

Rousseaus Hauptbedeutung besteht also in seiner beredten Verteidigung des moralischen Gefühls, welches von den englischen Philosophen zuerst erleuchtet und als die Wesenseigentümlichkeit der menschlichen Natur erwiesen worden war. Hauptsächlich Rousseaus Einfluss ist es zu verdanken, wenn diesem Gefühl ein Platz neben den beiden uns von Aristoteles her überkommenen geistigen Vermögen, Erkennen und Wollen, angewiesen und damit eine systematische Behandlung der Sittengesetze und der Moralphilosophie angeregt wurde, die dann erst in Kant ihren Abschluss fand. [2])

3. Die Erziehungslehre im allgemeinen.

Dieselbe Einheit, welche sich in Lockes Werken zeigt, findet sich auch in den Schriften Rousseaus. Von dem „Discours sur les sciences et sur les arts" bis zu den „Lettres de la montagne" ist sein Ausgangspunkt überall der Gegensatz zwischen

---

[1]) Vgl. Kuno Fischer, Im. Kant und seine Lehre, 3. Aufl. 1889, Bd. I. 229.

[2]) Höffding, Psychologie in Umrissen auf Grundlage der Erfahrung, Leipzig 1887. Seite 109, 118, 337.

Natur und Kultur. Wie er in allen seinen früheren Arbeiten die Verkehrtheit und Künstlichkeit der gesellschaftlichen Einrichtungen und die ursprüngliche Reinheit der menschlichen Natur zeigen will, so sollen alle seine späteren Schriften darlegen, wie die Rückkehr zur Natur erreicht, und wie jene ursprüngliche Reinheit bewahrt werden kann. Diese Lehre von einer Rückkehr zur Natur ist in seinen drei Hauptwerken niedergelegt, die fast gleichzeitig verfasst wurden: der „Nouvelle Héloise", dem „Contrat social" und dem „Émile": der natürlichen Liebe, dem Naturstaat und der Naturerziehung. So tragen alle Schriften Rousseaus einen pädagogischen Charakter. Der Erziehung allein und unmittelbar ist sein grösstes und berühmtes Werk, „Émile ou sur l'éducation", gewidmet. ·

Die Entstehung dieses Werkes gleicht der von Lockes „Gedanken über Erziehung". Angeregt zuerst durch die Bitte einer Mutter, hat er demselben zwanzig Jahre des Nachdenkens und drei Jahre Arbeit gewidmet. [1]) Zwischen die Gedanken Lockes und den Émile fallen zwei Menschenalter, während deren das Gebiet der Erziehungslehre fast unberührt geblieben war. Rousseau sagt in seiner Vorrede: „Meine Aufgabe war auch nach dem Buch von Locke eine noch ganz unberührte, und ich fürchte sehr, sie könnte es auch nach dem meinigen noch sein." Rousseau geht also in seiner Pädagogik, wie in seiner Philosophie auf Locke zurück. [2])

Um den Émile, wie auch Lockes Schrift, richtig verstehen zu können, muss man sich erinnern, dass Rousseau gleich Locke keine vollständige und systematische Abhandlung über die Erziehung geben will. Wie Locke, verwahrt er sich ausdrücklich dagegen. [3]) Sein Émile soll die Verkörperung eines pädagogischen Ideals darstellen, und mit diesem Gedanken, wünscht er, solle man an das Werk herantreten. [4])

---

[1]) Madame de Chenonceaux. Vgl. Confessions Tome I. p. 227 und Émile Tome III, p. 4.

[2]) Vorrede zu Ém. III, p. 5. In Richardsons Pamela (1740), welches Werk grossen Einfluss auf Rousseau hatte, werden Lockes „Gedanken" ausführlich besprochen. Vgl. vol. IV, Briefe 48—55.

[3]) Vorrede zu Emile.

[4]) Brief an M. l'abbé M. 1770, Tome VII, 519.

1.) Möglichkeit und Grenzen der Erziehung.

Da Rousseau denselben Ursprung und dieselbe Art und Weise der Bildung der Ideen annimmt wie Locke, und da nach seiner Ansicht Vernunft und Wille, wenigstens bis zum Erwachen des Gewissens, auf dieser Entwicklung beruhen, so hat er auch eine hohe Meinung von der in den Händen des Erziehers liegenden Macht. „Alles, was uns fehlt bei unserer Geburt und was wir brauchen im erwachsenen Alter, wird uns gegeben durch die Erziehung.“ [1]) Rousseau legt jedoch mit noch grösserem Nachdruck als Locke die Grenzen der in der Erziehung liegenden Macht in die dem Kinde angeborene Natur. [2]) Von den drei Arten der Erziehung, der Erziehung durch die Menschen, die Dinge und die Natur, ist die Erziehung durch die Natur, unter welcher Rousseau die innere Entwicklung unserer Fähigkeiten und Organe versteht, nicht von uns abhängig. Diese natürliche Entwicklung macht Rousseau zur Richtschnur der Erziehungsthätigkeit. Die ursprüngliche Natur des Kindes ist gut und fällt daher nicht in den Bereich der Erziehung. Bei Locke muss sie die natürlichen Neigungen (biases) verbessern; nach Rousseau dagegen dürfen die angeborenen Neigungen des Kindes keinen Gegenstand der Erziehung bilden. Die Thätigkeit des Lehrers soll im Hintergrunde stehen, und die natürliche Individualität des Kindes gewahrt werden.

---

[1]) Tome III, 9. Vergl. „Wir wissen nicht, wie weit die Natur uns erlaubt zu gelangen, niemand unter uns hat den Abstand gemessen, der einen Menschen von dem andern trennt.“ v. Sallwürk Emil-Uebersetzung, I, § 132.

„Aber liegt es denn in der Hand des Menschen, seine Seelenregungen nach diesen oder jenen Beziehungen einzurichten? Allerdings, wenn es in seiner Hand liegt, seine Einbildung auf diesen oder jenen Gegenstand hinzulenken oder ihr diese oder jene Gewohnheit einzupflanzen.“ Ebend. IV, § 38.

[2]) „Encore une fois, il ne s'agit point de changer le caractère et plier le naturel, mais au contraire de le pousser aussi loin qu'il peut aller, de le cultiver, et d'empêcher qu'il ne dégénère; car c'est ainsi qu'un homme devient tout ce qu'il peut être, et que l'ouvrage de la nature s'achève en lui par l'éducation.“ Nouv. Hél. Tome II, 513. Vgl. Tome III, 9 ff., 48, 248, 283.

2.) Die Notwendigkeit der Erziehung.

Rousseaus Philosophie scheint auf den ersten Blick jede Notwendigkeit der Erziehung zu leugnen. Jene Auffassung der Natur, auf die er seine Moralphilosophie gründet: „Alles ist gut, wie es hervorgeht aus den Händen des Urhebers der Dinge; alles entartet unter den Händen des Menschen,"[1] würde, wörtlich genommen, alle Erziehung ausschliessen. Falls man dieses Prinzip zum Ausgangspunkt nehmen würde, müsste man sich mit dem Wirken der Natur begnügen, da jede Einmischung vonseiten des Menschen nur schaden könnte. Und dieses Nicht-einmischen scheint Rousseau zu fordern, indem er sagt: „Was haben wir nun zu thun, um diesen seltenen Menschen zu bilden? Viel ohne Zweifel: — verhüten, dass etwas gethan werde."[2]

Die Vorschrift Rousseaus, sich so zu verhalten, hat ihren Grund in seiner Vorstellung von dem schroffen Gegensatz zwischen der Verkehrtheit der Gesellschaft und der Reinheit und Unfehlbarkeit der Natur, aber er überlässt diese nicht ganz und gar sich selbst, wie oft behauptet wird.[3] Denn nichts geht vollkommen aus den Händen der Natur hervor,[4] und das Vermögen, sich selbst zu vervollkommnen, weist Rousseau dem Menschen allein zu.[5]

Diese Forderung der Erziehung muss auch Rousseaus Erkenntnistheorie notwendig ergeben. Da die Ideenentwicklung und der ganze Ideeninhalt des Geistes vollständig von der sinnlichen Wahrnehmung abhängen, so ist es von Wichtigkeit, dass der Ideengang überwacht und geleitet werde, und hierin stimmt Rousseau ganz mit Locke überein. „Sobald," sagt er, „das Kind die Gegenstände zu unterscheiden beginnt, ist es von Wichtigkeit, dass man sie ihm nicht ohne Wahl vorführe."[6]

---

[1] Tome III, 7.

[2] Tome III, 13, 41.

[3] Vgl. Gavanescul, Versuch einer zusammenf. Darstellung der päd. Ansichten J. Lockes u. s. w. Berlin, Inaug. Diss. 1887.

[4] „Loin d'avoir des forces superflues, les enfants n'en ont pas même de suffisantes pour tout ce que leur demande la nature." Tome III, 50 ff. Vgl. 74 ff.

[5] „Discours sur les sciences et les arts." Tome IV, 25.

[6] III, 43, 45, 53. „Während das Kind noch ohne Kenntnis ist, hat man Zeit, alles, was in seine Nähe kommt, so vorzubereiten, dass

Es besteht aber nach Rousseau nicht die Notwendigkeit jenes positiven Sicheinmischens, welches Locke befürwortet. „Man wird ohne Zweifel ein wenig leiten müssen, aber sehr wenig und ohne dass es bemerkbar wird."[1]) „Die erste Erziehung muss also eine rein negative sein."[2]) Der ganze „Émile" ist aber ein Beweis dafür, dass diese „negative Erziehung" keine müssige ist. Auf diesen Punkt legt er, in einem Briefe an Herrn de Beaumont, besonderen Nachdruck: „J'appelle éducation positive, ce qui tend à former l'esprit avant l'âge et à donner à l'enfant la connoissance des devoirs de l'homme. J'appelle éducation négative celle qui tend à perfectionner les organes, instruments de nos connoissances, avant de nous donner ces connoissances, et qui prépare à la raison par l'exercise des sens." Die Erziehung ist also notwendig, wenn auch nicht um Tugend und Wahrheit zu lehren, so doch um „das Herz vor dem Laster und den Geist vor dem Irrtum zu bewahren."

Dieses negative Verfahren ist auch gerechtfertigt durch Rousseaus Theorie von der langsamen Entwicklung der geistigen Fähigkeiten des Kindes. Diese Erziehung ist also weder gleichbedeutend mit Nichteinmischung noch mit Unthätigkeit; sie muss nicht nur der Bildung falscher Ideen vorbeugen, sondern auch richtige entwickeln.[3])

3.) Ziel der Erziehung.

Das Ziel der Erziehung ist nach Rousseau der Mensch, das ist: die volle Entfaltung der Menschennatur; „l'ouvrage de

---

seine ersten Blicke nur auf die Dinge fallen, die zu sehen ihm angemessen ist." Emil-Uebersetz. II, 72. — „Wenn man nun die Empfindungen, die doch den ersten Stoff für seine Kenntnisse abgeben, ihm in passender Ordnung darbietet, so bereitet man sein Gedächtnis vor, sie eines Tages in der nämlichen Ordnung seinem Verstande darzubieten." Ebend. I, 143.

[1]) Tome III, 184.

[2]) Tome III, 664, vgl. III, 185. „Souvenez-vous toujours que l'esprit de mon institution n'est pas d'enseigner à l'enfant beaucoup de choses, mais de ne laisser jamais entrer dans son cerveau que des idées claires et justes." Vgl. III, 81 ff., 75, 69.

[3]) Tome III, 107.

la nature s'achève en lui par l'éducation."[1]) Das Ideal der
Erziehung ist jedoch nicht, wie man nach Rousseaus Theorie
erwarten könnte, der Naturmensch, welcher nur den Natur-
trieben und Naturgesetzen folgt und deshalb in stoïschem Gleich-
mut dahinlebt, unberührt von der Falschheit und Unnatur der
Kultur. Hier zeigt sich wieder der Einfluss Lockes besonders
deutlich; denn obgleich Rousseau theoretisch bestreitet, dass
das von Locke erstrebte Ziel erreichbar oder nur wünschens-
wert sei, so stimmt er doch thatsächlich darin mit ihm überein,
dass er ein tugendhaftes Mitglied der menschlichen Gesellschaft
heranbilden will.

Auch Rousseaus Auffassung der Tugend verbietet es ihm,
den Naturmenschen an sich als ein Ideal hinzustellen. Dies
würde nicht nur alle positive Tugend ausschliessen, sondern
auch die Notwendigkeit der Erziehung aufheben. Die Tugend
aber, welche Rousseau in Uebereinstimmung mit Locke als
höchstes Ziel der Erziehung hinstellt, ist nicht eine einfache
Unterwerfung unter die Gesetze der Natur, sondern wird vielmehr durch einen Kampf des Verstandes und des Gewissens
errungen und ist eine auf dem Pflichtgefühl begründete Erfüllung
der angeborenen Gesetze des Guten und Harmonischen.[2]) So
wird die physische Seite des Naturmenschen, welchen Rousseau
zu bilden wünscht, ihrer Oberherrschaft entkleidet und diese
selbst in die thätige Anwendung der dem Menschen eigentümlichen und angeborenen Prinzipien gelegt. Das Ziel ist,
jene guten und reinen Triebe, welche von Natur dem Menschen
eigen sind, zu erhalten und so zu befestigen, dass der Mensch
ihrer Führung stets folgen kann, auch wenn er in die socialen
Verhältnisse eintritt. Das sociale Element ist also ein
Faktor, der bei der Heranbildung von Rousseaus
Ideal notwendig zu berücksichtigen ist.[3])

---

[1]) Tome III, 10.

[2]) Tome III, 348.

[3]) „Mon enfant, il n'y a point de bonheur sans courage, ni vertu
sans combat." „Qu'est-ce donc que l'homme vertueux? C'est celui
qui sait vaincre ses affections; car alors il suit sa raison, sa conscience;
il fait son devoir; il se tient dans l'ordre et rien ne l'en peut écarter."
Tome III, 543, 544.

So bildet der Émile den folgerichtigen Schluss der ganzen
Lehre Rousseaus. Wenn alle seine früheren Schriften den
Gegensatz zwischen Natur und Kultur, zwischen Naturmensch
und Kulturmensch gezeigt haben, so bietet „Émile" die Ver-
mittelung dieser Gegensätze, oder wie Rousseau selbst treffend
sagt: „Ce système commence où finit celui de Julie, ou
plûtot il n'en est que la suite et le développement; car tout
consiste à ne pas gâter l'homme de la nature en
l'appropriant à la société."[1] „Émile ist nicht ein Wilder,
den man in die Wildnis verweisen müsste; er ist ein Wilder,
der die Städte bewohnen soll. Er muss da zu finden wissen,
was ihm notwendig ist, ihre Einwohner sich nützlich machen
und, wenn auch nicht wie sie, so doch mit ihnen leben."[2]

Dieses Ziel der Erziehung aber betrachtet Rousseau nicht
als einen Zustand, nach dem Vorbild Lockes und seiner Vorgänger, sondern als eine Entwicklung. Dies Ziel gehört also
nicht ganz der Zukunft, sondern auch der Gegenwart an. Daher fasst Rousseau dasselbe als progressiv auf. Jedes Alter,
jedes Stadium hat sein Ziel.

Wie Rousseau in seiner Auffassung der Tugend über
Locke hinausgegangen ist, so auch im Ziel seiner Erziehung.
Locke gründet sein Tugendprinzip auf die Erwartung von
Belohnungen und Strafen, wie sie sich in dem Beifall oder der
Missbilligung der Gesellschaft kundgeben, und sein Ideal soll
ein nützliches Mitglied dieser Gesellschaft bilden. Rousseau
verlegt das Prinzip der Tugend in das Individuum selbst und
macht es so von der Gesellschaft ganz unabhängig. Locke,
der „als Edelmann (gentleman) für Edelleute" schrieb, übersah
die Menschheit im allgemeinen. „Das vorzüglichste Augenmerk
muss der Beruf des Edelmanns sein. Denn wenn die Leute
von Stand einmal durch ihre Erziehung auf den rechten
Weg gestellt sind, so werden sie bald alles Uebrige in
Ordnung bringen."[3] Émile hingegen ist für keinen bestimmten
Beruf ausersehen, sondern soll so herangebildet werden, dass
er die Forderungen der Menschheit, alle Pflichten des Menschen

---

[1] Nouv. Hél. Tome II, 555. Vgl. Tome III, 214.
[2] Emil-Uebersetzung III, 177.
[3] Thoughts, Epistle Dedicatory.

am besten erfüllen kann. „Welches ist nun dieses Ziel? Kein anderes als das Ziel der Natur." — „Wenn er aus meinen Händen hervorgeht," sagt Rousseau, „wird er freilich weder Beamter noch Soldat noch Priester sein, er wird in erster Linie Mensch sein." [1] Die mannigfaltigen Ziele, welche sich aus der Rousseau'schen Vorstellung von der stufenweisen Entwicklung des Zöglings ergeben, vereinigen sich alle in diesem höchsten Ideal; so hat Rousseau die Erziehung dargelegt, welche für ein menschliches Wesen notwendig ist, während Locke nur an den Beruf des Edelmanns dachte.

Die Ueberlegenheit der Rousseau'schen Anschauungsweise über die Lockes zeigt sich ganz auffallend in einem anderen Punkte: Rousseaus Sorge für die Erziehung des Weibes. Wie nach dem Zwecke seiner „Gedanken" selbstverständlich war, lässt Locke die weibliche Erziehung ganz ausser Betracht. In dem Alter, wo der junge Mann heiratsfähig wird, ist seine Erziehung überdies beendet. [2] Nach Rousseau dagegen muss, da sein Zweck die Erneuerung des Menschengeschlechts ist, für die Fortwirkung und Vererbung seiner Prinzipien gesorgt werden. Émiles Erziehung muss daher durch die seiner Frau ergänzt und vollendet werden. Diese Gelegenheit, seine Abweichung von Locke hervorzuheben, versäumt Rousseau nicht. „Da unser junger Edelmann," sagt Locke, „auf dem Punkte ist, sich zu verheiraten, so ist es Zeit, ihn bei seiner Auserwählten zu lassen." Damit schliesst er sein Werk. Dagegen Rousseau: „Da ich nicht die Ehre habe, einen Edelmann zu erziehen, so werde ich mich wohl hüten, Locke in diesem Punkte nachzuahmen." [3] Der Erfüllung dieser Aufgabe, Émiles Erziehung durch die seiner Frau zu ergänzen und zu vollenden, widmete Rousseau also fasst ein ganzes Buch. Es ist daher ein ganz unerklärliches Verkennen des hohen Zieles, welches Rousseau erstrebte, wenn man, wie es jetzt in der pädagogischen Literatur nach dem Vorgange v. Raumers zur Gewohnheit geworden ist, das fünfte Buch ganz ausser Betracht lässt. [4] Dieses Verfahren

---

[1] Tome III, 10 ff.
[2] Thoughts § 216.
[3] Emilübersetzung, V, 2.
[4] H. Gehrig, Rousseau und seine pädagogische Bedeutung, Neuwied

ist um so weniger berechtigt, als auch im fünften Buch (nach Tome III, S. 497) Émile wieder ganz in den Vordergrund tritt. In diesem Buche handelt es sich um das gegenseitige Verhältnis der beiden Geschlechter und die Berücksichtigung ihrer ursprünglichen verschiedenen Vermögen, so dass sie sich naturgemäss zu einer gegenseitigen Ausgleichung und Ergänzung entwickeln. Rousseaus Ziel schloss, wie gesagt, die Erneuerung des ganzen Menschengeschlechts in sich, und die weibliche Erziehung ist eine unerlässliche Bedingung dazu. [1])

4.) In welcher Gemeinschaft die Erziehung stattfinden soll.

Die Abneigung gegen die öffentliche Erziehung, welche auch Locke hat, wird bei Rousseau auf die Spitze getrieben. Er bleibt dabei jedoch ganz seinem Grundsatz getreu, welcher den scharfen Gegensatz zwischen den socialen Verhältnissen und der Natur behauptet. Er nennt daher die öffentlichen Schulen: „Ces risibles établissements," und sagt, „es gebe keine öffentliche Erziehung mehr, und es bleibe nur die häusliche Erziehung oder die der Natur." [2])

Die Leugnung aber des erziehlichen Einflusses auch der Familie ist auf den ersten Blick auffallend, da Rousseau sowohl im „Émile" wie in der „Nouvelle Héloïse" den Reiz und den

---

und Leipzig, 1879, scheint (nach S. 89) das fünfte Buch nicht mehr zu kennen.

[1]) Vgl. Streckeisen-Moultou, Oeuvres et Corresp. inéd. de J.-J. R. Brief an M. Philibert Cramer, 13. Oct. 1764, S. 408 ff. Dieses letzte Buch des „Émile" ist ausserdem besonders wichtig wegen des grossen Einflusses, welches es auf Kants Auffassung der Frau und des Verhältnisses der beiden Geschlechter hatte, ein Punkt, der bisher nicht genügend berücksichtigt worden ist. (Sieh Beob. über d. Gefühl des Schönen u. Erhabenen III: „Von dem Unterschied des Erhabenen und Schönen in dem Gegenverhältnisse beider Geschlechter." Kant, herausg. von J. H. v. Kirchman, Berlin 1873, B. VIII.

[2]) Tome III, p. 13. In den „Considérations sur le Gouvernement de Pologne" ch. IV jedoch betont Rousseau die Wichtigkeit der öffentlichen Erziehung und macht sogar folgende Bemerkung: „Les parents qui préféreront l'éducation domestique, et feront élever leurs enfants sous leurs yeux, doivent cependant les envoyer à ces (körperlichen) exercises." Tome IV, p. 44

Segen des Familienlebens schildert. Ferner sagt er im „Contrat Social": „La plus ancienne de toutes les sociétés et la seule naturelle est celle de la famille." Rousseaus Philosophie verlangte jedoch die strengste Individualizierung in der Erziehung. Wenn alles Natürliche gut ist und alle Kunst nur eine Verdrehung der Natur, so muss das Kind so streng wie möglich von der Gesellschaft abgesondert und der Natur möglichst nahe gebracht werden. „Deine grösste Sorge muss es sein, von dem Geiste deines Zöglings alle Begriffe von gesellschaftlichen Verhältnissen, die nicht in seinem Gesichtskreise liegen, fernzuhalten."[1]

Dieser Gegensatz zwischen Gesellschaft und Natur ist Locke unbekannt, und die Gesellschaft bildet, nach ihm, wie oben gezeigt,[2] einen wichtigen und notwendigen Faktor der Erziehung. Da aber Émile von der Gesellschaft nur Künstliches und Verkehrtes lernen könnte, so muss jede Kenntnis derselben solange von ihm ferngehalten werden, bis seine natürliche Lauterkeit sich so in ihm befestigt hat, dass er für die Einflüsse der Gesellschaft nicht mehr empfänglich ist. Émile wird mit den U e b e l n u n d F e h l e r n der menschlichen Gesellschaft nur spät und vorsichtshalber bekannt gemacht, denn „alles, alles ist Thorheit und Widerspruch in den menschlichen Einrichtungen."[3]

Ein weiterer wichtiger Grund für die Einzelerziehung liegt in Rousseaus Theorie von der langsamen und späten Entwicklung des kindlichen Geistes. Die Kindheit ist „der Schlaf der Vernunft" und bis zur Entwicklung der Urteilskraft ist das Kind unfähig zur Bildung von Ideen; daher führt jede Idee, die der Geist aufgenommen hat, ehe er dazu vorbereitet war, zum Irrtum:[4] „Die Erziehung in der Einsamkeit wäre also vorzuziehen, selbst wenn sie der Kindheit nur die Zeit zum Heranreifen gäbe."[5] Wenn aber Rousseau Locke darin folgt,

---

[1] Emilübersetz. III, § 103.
[2] Sieh oben Seite 30 f.
[3] Emilübersetz II, 25; bei der Mädchenerziehung dagegen lässt R. die Umgebung die Sittenregeln angeben. Emilübersetz. V, § 88.
[4] Tome III, 75. Vgl. 41, 100.

dass er die Erziehung dem Vater zur Pflicht macht, so begeht er damit eine Inkonsequenz; denn die völlige Trennung von Familienverhältnissen ist dem Rousseau'schen System ganz unerlässlich; doch auch so legt er die Erziehung ganz in die Hände des Hofmeisters. Der Hofmeister bildet notwendigerweise ein Glied in seinem System, während dies bei Locke nicht der Fall ist. Hinsichtlich der Wahl des Hofmeisters, seines Charakters und der bei ihm vorauszusetzenden Kenntnisse, hat sich Rousseau eng an Locke angeschlossen. [1]

5.) Methode der Erziehung.

Die Keime des Naturalismus in der Erziehungsmethode finden sich in Lockes Pädagogik. Er hat denselben jedoch nicht zum Prinzip erhoben, Rousseau aber macht diese Anschauung, von der sich bei Locke nur vereinzelte Spuren finden, zur Grundlage seines Systems. Locke betrachtet die Natur als weder gut noch böse; er macht sie daher nicht zur Führerin in seiner Erziehungslehre, aber er ermahnt wiederholt dazu, der Natur zu folgen, und behauptet, dass die meisten Fehler der Kinder eher der Erziehung als der Natur zuzuschreiben sind. [2] Diesen Zug in Lockes Erziehungslehre hat Rousseau zum System ausgebildet. In der Natur findet er daher nicht nur sein Ziel, sondern auch seine Methode. „Der Natur zu folgen" gilt ihm als erster Grundsatz in seiner ganzen Erziehungslehre. „Beobachte die Natur und folge dem Wege, den sie dir vorzeichnet!" „Der Erzieher macht nur seine Studien unter dieser ersten Lehrerin und verhütet, dass ihre Massregeln durchkreuzt werden." [3] Das Erziehungsverfahren gründet er daher ganz auf die natürliche Entwicklung des Kindes, und hierin bleibt er seinen Prinzipien viel getreuer als Locke. Wie Rousseau sorgfältig die Entwicklungsstadien des kindlichen

---

[1] Tome III, 25 ff., 38, 83. Sieh auch über Dienstboten III, 84.

[2] Thoughts § 66. Vgl. 37, 45, 67, 98, 101. Vgl. Émile Tome III, 89, 93.

[3] Emilübersetz. I, 56, I, 127. Vgl. Tome III, 435. „Voulez-vous toujours être bien guidé, suivez toujours les indications de la nature." Vgl. 134, 74 ff. „Et je sentis que pour guider l'homme, la marche de la nature est toujours la meilleure." Nouv. Hél. II, 525.

Intellektes dargelegt hat, so zeigt er auch, wie die erzieherische Thätigkeit genau mit dieser Entwicklung Schritt halten muss. Während Locke bei seiner Behandlung des Zöglings vornehmlich an die Zukunft denkt, hat Rousseau mehr dessen gegenwärtige Bedürfnisse im Auge. „Behandle das Kind seinem Alter und seinen Fähigkeiten gemäss." [1])

Da die natürliche Entwicklung des kindlichen Intellektes eine langsame ist, und es erst spät Ideen bilden kann, so ist die Methode Rousseaus eine negative. „Lass die Natur lang ihre Wirksamkeit ausüben, bevor du dich unterfängst, an ihrer Stelle zu handeln, damit ihre Thätigkeit ja nicht durchkreuzt werde." „Bist du klug, so belausche die Natur lange Zeit, beobachte deinen Zögling wohl, bevor du das erste Wort zu ihm sprichst." [2]) Diese Methode erklärt er folgendermassen: „L'éducation négative n'est pas oisive, tant s'en faut; elle ne donne pas les vertus, mais elle prévient les vices; elle n'apprend pas la vérité, mais elle préserve de l'erreur; elle dispose l'enfant à tout ce qui peut le mener au vrai quand il est en état de l'entendre et au bien quand il est en état de l'aimer." [3]) Rousseau fordert also, dass das Kind mehr für die Bildung vorbereitet als gebildet werde." „Es handelt sich ja nicht darum, ihm die Wissenschaften zu lehren, sondern ihm Geschmack für dieselben beizubringen und die Wege zu weisen, wie es sie erlernen soll, wenn einmal dieser Geschmack mehr entwickelt ist." [4]) Diese Theorie, zu der sich die Ansätze schon bei Locke finden, bringt Rousseau in ein System und die Worte, in die er seine Forderung kleidet, klingen sehr an die Lockes an. [5])

In seinen Forderungen hinsichtlich der Anschaulichkeit des Unterrichts ist Rousseau Locke gefolgt. „Ich kann es nicht oft genug wiederholen: man gebe den jungen Leuten alle Unterweisungen vielmehr in Handlungen als in Reden;

---

[1]) Tome III (Émile), pp. 78, 98 ff., 169, 194, 254 f.

[2]) Emilübersetz. II, 114, II, 69.

[3]) Lettre à M. de Beaumont, Tome III, p. 664. Vgl. „Considérations sur le Gouvern. de Pologne." „Je ne redirai jamais assez que la bonne éducation doit être négative." Tome IV, 44. Vgl. Émile Tome

nichts sollen ·sie aus den Büchern lernen, was die Erfahrung
sie lehren kann."[1]) In diesem Punkte aber geht Rousseau viel
weiter als Locke, indem er Bücher und Apparate für die erste
Zeit der Erziehung ganz und gar verwirft.[2]) Bis zu seinem
12. Jahre soll Émile kaum wissen, was ein Buch ist.[3])

Im Einklang mit seiner Erkenntnistheorie, welche beweist,
dass die Erkenntnis nur aus der Erfahrung entstehen kann,
fordert Rousseau ferner mit Locke Selbstthätigkeit des
Kindes. Die Erziehung muss soweit als möglich Selbstentwicklung
sein. Daher sollte die Erfahrung und Erfindung an Stelle des
Unterrichts treten. „Er soll nichts deshalb wissen, weil du es
ihm gesagt hast, sondern weil er es selbst begriffen hat; er
soll die Wissenschaft nicht erlernen, sondern erfinden." „Gieb
deinem Zögling keinerlei Lehre in Worten: er soll seine Lehren
nur durch die Erfahrung erhalten."[4])

Die natürliche Selbstthätigkeit des Kindes ist nach ihm,
wie bei Locke, das Spiel, und Rousseau gibt ausführliche
Regeln für die Benutzung der Spiele zur Uebung der Sinne und
des Körpers,[5]) und da das Kind nur durch die Selbstthätigkeit
des Denkens lernen kann, so verlangt Rousseau wie Locke,
dass des Kindes Freude und Interesse . am Lernen durch das
Spiel geweckt werde.[6])

Wie sich ebenfalls nach seiner Erkenntnistheorie erwarten
liess, besteht Rousseau noch nachdrücklicher als Locke darauf,
dass der Unterricht vom Leichten zum Schweren, vom Konkreten
zum Abstrakten,[7]) vom Einfachen zum Komplizierten fort-
schreite.[8])

Noch nachdrücklicher ferner als Locke betont Rousseau
die Forderung der individuellen Erziehung. Besonders
in der Nouvelle Héloïse Partie V, Lettre III hat er die Unter-

---

1) Emilübersetz. IV, 147. Tome III, 291. Vgl. 60, 79 f., 196 f.,
199, 254, 291.

2) Tome III, 125, 180, 203: „Je hais les livres etc."

3) Tome III, 298 f.

4) Tome III, 180. Vgl. 79, 182, 184, 191.

5) Tome III, 140, 145, 154.

6) Tome III, 156, 174, 185.

7) Tome III, 108, 193. Thoughts § 166. Cond. of Und. ch. 28.

schiede im Charakter der Kinder hervorgehoben und die Anpassung des Erziehungsverfahrens an die verschiedenen Charaktere
verlangt.

Im Grossen und Ganzen also stimmt die Erziehungslehre
Rousseaus mit der von Locke überein, das Verfahren der
Rousseau'schen Lehre ist aber zurückhaltend und negativ, das
der Locke'schen positiv und eingreifend.

6.) Geistige Naturtriebe als Mittel zur Erziehung.

Die Verschiedenheit der Ansichten der beiden Männer hinsichtlich des Naturzustandes der Menschheit und des geistigen
Entwicklungsprocesses führte sie zu etwas abweichenden Mitteln
zur Erreichung ihrer Ziele.

Nach Locke wird der Wille gänzlich durch das Gefühl
der Lust und Unlust beherrscht, und durch diesen Trieb wird
der Mensch in allen seinen Handlungen geleitet. Diesen Trieb
erkennt auch Rousseau an und er nennt das Streben, jene zu
befriedigen und diese zu vermeiden, Selbstliebe, welche der
einzige ursprüngliche Naturtrieb ist. [1]) Rousseau aber begünstigt
die Benutzung dieses Triebes nicht in dem Grade, wie Locke,
welcher das angenehm macht, was er gethan wissen will, und
Unlust mit dem verbindet, was sein Zögling unterlassen soll.
Das sei ein zu kühner Eingriff in den Gang der Natur. Die
Wege der Natur seien sicherer als die des Menschen, und sie
verstehe besser zu führen, als wir ihr zeigen können. [2]) Émile
wird daher soweit als möglich von der Natur abhängig gemacht,
und die Naturnotwendigkeit ist sein einziges Gesetz. [3])

Dieser Gegensatz, in dem Rousseau zu Locke steht, zeigt
sich besonders in seiner Haltung gegenüber den Strafen.
Hier tritt die Verschiedenheit in der Naturanschauung der beiden
Männer klar zu Tage. Locke stellt ganz im Geiste Bacons den
Menschen über die Natur und empfiehlt wohl die Naturgesetze
und Naturtriebe zur Erreichung seiner Ziele zu benutzen, da-
neben aber bilden Belohnungen und Strafen einen notwendigen
Bestandteil in seinem System, und die Erreichung seines Zweckes

---

[1]) Tome III, 299 ff. Vgl. 11, 43, 63, 80, 179, 263.
[2]) Tome III, 40 f., 98 f., 169.

hängt hauptsächlich von der Verwendung dieser Mittel ab. [1])
Rousseau aber tritt in direkten Gegensatz zu Locke, indem er
die Natur zur einzigen Gebieterin macht. Er verwirft daher
nicht allein alle Strafen, sondern erhebt sogar die Forderung:
„Befiehl ihm ein für allemal nichts, durchaus nichts, was es auch
sei." „Lass nicht einmal den Gedanken in ihm aufkommen,
dass du irgend eine Gewalt über ihn ausüben wolltest." [2]) „Lass
ihn allein in voller Freiheit." [3]) Locke gibt besondere Vorschriften für den Hofmeister, wie er seine Autorität begründen
und wahren soll; [4]) nach Rousseau dagegen darf das Kind nichts
von Autorität spüren. Rousseaus Theorien lassen daher nur
naturgemässe Strafen zu. Die Strafe ist aber nach Rousseau
nur dann naturgemäss, wenn sie die natürliche Folge der Handlung des Kindes ist und daher keinen gerichtlichen oder ver-
bessernden Charakter trägt. [5])

Ausser dieser Selbstliebe, dem einzigen ursprünglichen
Naturtrieb, erkennt Rousseau mehrere Erscheinungsarten derselben an. Die meisten sind aber nicht vorteilhaft, sondern
sogar schädlich. Diese Triebe der entarteten Natur betrachtet
er aber nicht theologisch als strafbare Neigungen, sondern als
Krankheiten, die man heilen und verhindern muss. Einige dieser
Triebe jedoch betrachtet er als gesund und billigt ihre Verwendung in der Erziehung. [6])

Das Streben nach Achtung, welches Locke als einen
gesunden Naturtrieb ansieht und auf den er alle erzieherische
Thätigkeit gründet, hält Rousseau für eine Entartung der Selbstliebe und er verwirft daher alle jene jesuitischen Methoden und

---

[1]) Ess. II, 28, § 6.

[2]) Tome III, 78.

[3]) Tome III, 173. Locke hatte schon gesagt, man solle dem Kinde
nichts verbieten, bis eine Ueberschreitung es nötig mache. Thoughts
§§ 64 ff., 85.

[4]) Thoughts § 100, 68 f.

[5]) „J'en ai dit assez pour faire entendre qu'il ne faut jamais in-
fliger aux enfants le châtiment comme châtiment, mais qu'il doit
toujours leur arriver comme une suite naturelle de leur mauvaise
action." Tome III, 92. Vgl. III, 91, 81 und Lettre à M. l'Abbé M.

Mittel Lockes, welche sich auf diesen Trieb gründen. Ein solches Verfahren befördere nur die Eigensucht (amour-propre) anstatt der gesunden Selbstliebe (amour de soi).[1] Émile soll nichts von Lob oder Tadel wissen.

Indem Locke diesen Trieb zu Hilfe nahm, förderte er den Wetteifer, welchen er als Mittel zur Weckung und Festhaltung des kindlichen Interesses benutzt. Rousseau aber sagt: „Im übrigen keine Vergleichungen mit andern Kindern, nichts von Nebenbuhlern und Nacheiferern, selbst nicht im Laufen, sobald es selbstständig zu denken anfängt; hundertmal lieber soll es nichts lernen, wenn es nur aus Eifersucht oder Eitelkeit geschieht."[2]

Den Vernünftigkeitstrieb, d. h. das „Verlangen, als vernünftiges Wesen behandelt zu werden", welcher nach Locke ein wichtiges Mittel zur Leitung der Kinder ist,[3] erkennt Rousseau nicht an, und in diesem Punkt wendet er sich sehr scharf gegen Locke. Nach Rousseaus psychologischer Anschauung ist Lockes Methode absurd, da sie bei den Kindern eine Fähigkeit voraussetzt, welche noch nicht entwickelt ist. Locke behauptet, dass wir bei dem Kinde immer weniger Vernunft annehmen, als es wirklich besitzt, — Rousseau dagegen, dass es weniger besitzt, als wir ihm zutrauen,[4] daher sagt er: „Den Kindern vernünftige Vorstellungen machen, war Lockes grosser

---

[1] „L'amour de soi, qui ne regarde qu'à nous, est content quand nos vrais besoins sont satisfaits; mais l'amour-propre, qui se compare, n'est jamais content et ne sauroit l'être, parceque ce sentiment, en nous préférant aux autres, exige aussi que les autres nous préfèrent à eux; ce qui est impossible." Tome III, 240.

[2] Emilübersetz. III, § 95. Tome III, p. 202. Vgl. 150. Jedoch sowohl in dem „Projet pour l'éducation de M. de Sainte-Marie" (1740), als auch in den „Considérations sur le Gouvernement de Pologne" (1772) benutzt Rousseau dieses Motiv und empfiehlt den Wetteifer. Vgl. Tome V, p. 296 und Tome IV, p. 441. Sieh auch Nouv. Héloïse über „Vanité". Tome II, 521.

Kant, welcher eine beschränkte Verwendung dieses Triebes befürwortet, hält wohl die richtige Mitte zwischen den beiden Extremen, wie sie sich in den Anschauungen Lockes und Rousseaus darstellen. Kant, Pädagogik, herausgegeb. von Rink 1803.

[3] Thoughts § 81, 94, 54.

[4] Emilübersetz. II, § 51. Tome III, pp. 101 ff.

Grundsatz. — Das Meisterstück einer guten Erziehung ist, einen vernünftigen Menschen zu bilden; und man masst sich an, ein Kind durch die Vernunft erziehen zu wollen! Das heisst mit dem Ende beginnen und aus dem Werke das Werkzeug machen. Wenn die Kinder Vernunft verstünden, brauchte man sie nicht zu erziehen."[1]) Das von Rousseau vorgeschlagene Mittel, sie der Vernunft gehorsam zu machen, war: „dass man mit ihnen nicht raisonnire, sondern sie überzeuge, dass die Vernunft ihr Alter übersteigt."[2])

Um Lockes Theorie lächerlich erscheinen zu lassen, verfasst er einen Dialog zwischen Lehrer und Schüler, durch dessen Fragen, wie er sagt: „Locke selbst sicherlich in grosse Verlegenheit geraten wäre."[8]) Aber anstatt Locke zu widerlegen, zeigt dieser Dialog nur, dass Rousseau seinen Vorgänger nicht verstanden hat oder nicht verstehen wollte. Locke hatte ausdrücklich gesagt: „Aber wenn ich von vernünftigem Zureden spreche, so meine ich nur ein solches, welches der Fähigkeit und der Fassungskraft des Kindes angepasst ist." — „Lange Auseinandersetzungen und philosophische Beweisführungen verdutzen und verwirren im besten Falle die Kinder, belehren sie aber nicht." — „Die Gründe, welche sie bewegen sollen, müssen auf der Hand liegen und ihren Gedanken gemäss und der Art

---

[1]) Tome III, 76. Vgl. 381 und Nouv. Héloïse. „Une erreur commune à tous les parents qui se piquent de lumières est de supposer leurs enfants raisonnables dès leur naissance, et de leur parler comme à des hommes avant même qu'ils sachent parler. La raison est l'instrument qu'on pense employer à les instruire, au lieu que les autres instruments doivent servir à former celui-la et que de toutes les instructions propres à l'homme celle qu'il acqiert le plus tard et le plus difficilement est la raison même." — „La raison ne commence à se former qu'au bout de plusieurs années, et quand le corps a pris une certaine consistance."

In einer Anmerkung dazu sagt Rousseau: „Locke lui-même, le sage Locke, l'a oublié; il dit bien plus ce qu'on doit exiger des enfants que ce qu'il faut faire pour l'obtenir." Tome II, p. 509.

[2]) „Le seul moyen de les rendre dociles à la raison n'est pas de raisonner avec eux, mais de les bien convaincre que la raison est au-dessus de leur âge." Tome II (Nouv. Héloïse) 519.

[8]) Tome III, p. 77.

sein, dass man sie, wenn ich so sagen darf, fühlen und mit Händen greifen kann." [1]

Locke verlangt also keine trockenen Auseinandersetzungen oder Ketten von Schlüssen, wie Rousseau meinte, sondern vernünftige Befehle, deren Berechtigung das Kind einsieht.

Obwohl jedoch Rousseau in seinem Uebereifer zu weit gegangen ist, so ist doch sein Einwurf vom Standpunkt seiner Theorie der Entwicklung der kindlichen Urteilskraft gerechtfertigt. Die Kindheit ist „der Schlaf der Vernunft", [2] daher die Forderung: „Behandle es denn seinem Alter gemäss trotz alles Scheines und hüte dich, seine Kräfte durch übermässige Uebung derselben zu erschöpfen. [3]

Rousseau erkennt aber wie Locke einen Thätigkeitstrieb in den Kindern und verwendet ihn als Mittel in der Erziehung. „Es will alles betasten und befühlen; widersetze dich diesem unruhigen Drange nicht; er bietet ihm eine durchaus notwendige Lehre. [4] Er benutzt auch diesen Trieb wie sein Vorgänger besonders in dem Spiel. Er geht jedoch nicht so weit wie Locke, welcher sich desselben als eines Besserungsmittels bedient, indem er nämlich das Spiel zur Arbeit oder diese zum Spiel macht, so wie er gerade das eine oder das andere wünscht. [5]

Auch das Heranziehen des Wissenstriebs, [6] welchen Rousseau ebenfalls vorhanden findet, billigt er beim Unterricht. „Der Thätigkeit des Leibes, der sich zu entwickeln trachtet, folgt die Thätigkeit des Geistes, der Belehrung sucht. Im Anfang sind die Kinder nur auf Bewegung bedacht; später sind sie neugierig, und diese Neugier, wenn sie gut geleitet wird, ist die Triebfeder des Alters, in welchem wir angelangt sind." [7] Beide Pädagogen benutzen diesen Wissenstrieb zur

---

[1] Thoughts § 81.
[2] Tome III, p. 100.
[3] Emilübersetz. II, § 112. Tome III, pp. 98 ff. Vgl. 100.
[4] Emilübersetz. I, § 143. Tome III, pp. 45, 49 ff., 266. Vgl. Nouv. Hél. II, 509.
[5] Thoughts § 76.
[6] Tome III, p. 179.
[7] Emilübersetz. III, § 11. Tome III, pp. 179, 182, 186. Es gibt jedoch nach Rousseau eine Wissbegierde aus Ehrgeiz und vor

Erweckung und Festhaltung des Interesses. [1]) Hier hat sich Rousseau eng an Locke angeschlossen, besonders in seiner Behandlung der Kinderfragen, [2]) und insofern er die Einsicht des Kindes in das von ihm verlangte [3]) zur Weckung des Interesses benutzt. Locke erkennt jedoch die Wichtigkeit des letzteren nicht in dem Grade an wie Rousseau. Für ihn ist die Erweckung des kindlichen Interesses nur das Mittel zur Erreichung eines sofortigen und gegenwärtigen Erfolges; Rousseau aber erblickt darin die Triebfeder und Richtschnur seiner ganzen Pädagogik. Die ganze erzieherische Thätigkeit wird von dem Interesse des Kindes abhängig gemacht, und es ist eines der Hauptverdienste Rousseaus dies betont zu haben. „Unmittelbares Interesse, das ist die grosse und einzige Triebfeder, die sicher und lange wirkt." [4]) Aller Unterricht muss so lange in den Hintergrund treten, bis das Kind aus eigenem Antrieb zu lernen wünscht. Zur Erweckung dieses Verlangens bedarf es jedoch nicht solch künstlicher Mittel, wie die des Lobes und der Belohnung, wie sie Locke empfohlen hatte. „Bedenke zuerst, dass es in seltenen Fällen deine Sache ist, ihm vorzuführen, was es lernen soll: das Kind soll vielmehr selbst es verlangen, suchen und finden." [5])

Auch den N a c h a h m u n g s t r i e b der Kinder zieht Rousseau in den Kreis seiner Betrachtung. Wie Locke jene „kleine Affen" [6]) nennt, spricht Rousseau von ihnen als den „grands imitateurs" [7]) und sagt: „Der Nachahmungstrieb liegt im Wesen des Menschen."

---

dieser warnt er nachdrücklich: „Distingons toujours les penchants qui viennent de l'opinion. Il est une ardeur de savoir qui n'est fondée que sur le desir d'être estimé savant; il en est une autre qui naît d'une curiosité naturelle à l'homme pour tout ce qui peut l'intéresser de près ou de loin." Tome III, p. 179.

[1]) Tome III, p. 183. Vgl. 107.

[2]) Thoughts §§ 118—121. Ém. Tome III, pp. 186, 245.

[3]) Thoughts § 167. Vergl. 46, 56, 129. Ém. Tome III, 193, 194 ff., 228.

[4]) Emilübersetz. II, § 150. Tome III, p. 113. Vgl. 174, 131 ff., 185 ff., 208.

[5]) Emilübersetz. III, § 69. Tome III, p. 196, 202.

[6]) Thoughts § 152.

[7]) Tome III, p. 149.

Auch darin stimmt Rousseau auf Grund seiner Erkenntnistheorie mit Locke überein, dass er die Wichtigkeit des Beispiels anerkennt und dieses an die Stelle aller Regeln treten
lässt; [1]) denn obgleich Rousseau den Nachahmungstrieb als e r -
z i e h e r i s c h e s Mittel nicht in dem Mass schätzt, wie Locke, und
obwohl er „toutes ces vertus par imitation" als „des vertus de
singe" bezeichnet, so folgt er doch Locke insofern, als er die
Unentbehrlichkeit des Beispiels in der Erziehung anerkennt.
„Beispiele, Beispiele! ohne sie richtet man bei den Kindern nie
etwas aus." [2])

Was die Neigung zur A n g e w ö h n u n g anlangt, so ist
Rousseau zwar gegen die Ausbildung von Gewohnheiten in
der physischen Erziehung, [3]) erblickt jedoch in derselben wie
Locke das Ziel aller jener Massregeln, welche den Willen und
daher auch die sittliche Erziehung betreffen. „Willst du die
Wirkung einer glücklichen Erziehung auf das ganze Leben er-
strecken, so erhalte durch die Jugend hindurch die guten Gewohnheiten der Kindheit, und wenn dein Zögling ist, was er
sein soll, so sorge nur, dass er zu allen Zeiten derselbe sei." [4])

Die Erziehungslehre im einzelnen.

1) Physische Erziehung.

Für diesen Teil seines Erziehungssystemes bekennt sich
Rousseau selbst als Schuldner Lockes. „Ueber die Wichtigkeit derselben (der körperlichen Erziehung) habe ich mich schon
hinreichend ausgesprochen, und da man dafür keine besseren
Regeln und keine vernünftigeren Gründe finden kann als diejenigen, die in dem Buche von Locke zu finden sind, begnüge
ich mich, auf dasselbe hinzuweisen, nachdem ich mir erlaubt,
einige Bemerkungen zu den seinigen hinzuzufügen." [5])

Diese Kennzeichnung seiner Stellung zu Locke ist im allgemeinen zutreffend. Bei den besonderen Vorschriften in Bezug

---

[1]) Tome III, p. 96 f.
[2]) Emilübersetz. V, § 79. Tome III, p. 455. Vgl. Emilüb. II, 107
[3]) Emilübersetz. V, § 267. Tome III, p. 543. Vgl. Thoughts § 18.
[4]) Tome III, p. 525.
[5]) Emilübersetz. II, § 190. Vgl. Tome III, p. 126.

auf die Entwicklung des Körpers und die Erhaltung der Gesundheit hat sich Rousseau eng an Locke angeschlossen.

In Uebereinstimmung mit seinem Vorgänger ferner schreibt Rousseau der physischen Erziehung keinen selbstständigen Wert zu, erblickt aber in ihr eine notwendige Vorbedingung der intellectuellen und sittlichen Erziehung. „Um denken zu lernen, müssen wir also unsere Glieder, Sinne und Organe üben, welche die Werkzeuge unseres Verstandes sind, und um allen möglichen Vorteil aus diesen Werkzeugen zu ziehen, muss der Leib, der sie uns leiht, kräftig und gesund sein." [1]) Rousseau geht sogar so weit zu behaupten, dass aus der körperlichen Schwäche Böses entstehe, und dass Güte und Gerechtigkeit notwendigerweise mit Stärke verbunden seien. [2]) Ein gesunder Körper ist also notwendig zur gesunden Erkenntnis und zu wahrer Sittlichkeit. [3]) Die physische Erziehung muss daher möglichst so geleitet werden, dass sie die intellectuelle und sittliche Entwicklung fördert [4]) und in diesem Zusammenhang wendet sich Rousseau gegen die herrschende Anschauung, dass die physische Ausbildung der geistigen Schulung nachteilig sei. [5])

Die Wertschätzung jener von Seiten Rousseaus ist auf den ersten Blick etwas auffallend angesichts der Thatsache, dass er in der Verbindung von Seele und Körper, von Materiellem und Immateriellem etwas Gewaltsames und Unnatürliches sieht. Diese Theorie aber bildet keinen logisch geforderten Bestandteil seines philosophischen Systems, sondern dient ihm nur zur Widerlegung der atheistischen Lehren der Materialisten. Seine Erkenntnistheorie aber, welche die vollständige Abhängigkeit des geistigen Lebens von dem körperlichen behauptet, fordert eine systematische Behandlung der physischen Erziehung. Der Körper ist das Organ der Seele, [6]) seine Ausbildung ist darum eine naturgemässe Grundbedingung des Erziehungsplans und erstreckt sich folglich auf die ganze Entwicklungszeit. Während also Locke

---

1) Emilübers. II, § 187.
2) Tome III, p. 390 f.
3) Tome III, pp. 82, 125, 194, 248.
4) Tome III, p. 228. Vgl. 198.
5) Tome III, p. 115.
6) Tome III, p. 31.

die frühste Erziehung des Kindes übersehen hat, macht sie Rousseau zur Grundlage der ganzen späteren Erziehung. „Die Erziehung des Menschen beginnt bei seiner Geburt."[1] So geht Rousseau über Locke hinaus, indem er die physische Erziehung ausdrücklich als eine notwendige Vorbedingung und Vorstufe der ganzen folgenden Erziehung bezeichnet.[2]

Das Prinzip der Naturgemässheit in der Erziehung hat Rousseau in diesem Theil der Erziehung systematischer entwickelt als Locke. „Livrez-le d'abord sans gêne à la loi de la nature." „Observez la nature, et suivez la route qu'elle vous trace."[3] Dies zeigt sich besonders in seiner Stellung zu den Aerzten und deren Heilmitteln. Natürliche Gebrechen erfordern natürliche Abhilfe, daher sind die Arzneien, als Erfindung der Kunst, vollständig zu verwerfen.[4]

Was die besonderen Uebungen anbelangt, welche sowohl Locke als Rousseau für die körperliche Ausbildung empfehlen, so sieht man leicht, dass Locke einen englischen Edelmann, Rousseau einen Weltbürger erzieht. Für seinen Schüler empfiehlt Locke Reiten, Tanzen und Fechten. Diese Uebungen sind für einen Weltbürger ungeeignet. Statt des Reitens fordert Rousseau Fussreisen, Klettern, Springen und Laufen; das Tanzen bezeichnet er als eine äffische Kunst. Émile soll sich eher eine sichere Haltung in der freien Natur aneignen.[5]

Dieser Gegensatz in den Erziehungszielen der beiden Männer tritt noch klarer zu Tage in einem anderen Punkte. Bei der Empfehlung, ein Gewerbe zu erlernen, spricht Locke von Bearbeitung des Eisens, Messings, Silbers und der Edelsteine,[6] Rousseau aber macht hier einen scharfen Unterschied zwischen Handwerker und Künstler;[7] Émile aber soll keine Kunst, sondern ein Gewerbe erlernen, damit er vom Schicksal und von den Menschen möglichst unabhängig sei. „Emil muss nur durchaus ein Handwerk erlernen. — Er soll ja kein Sticker,

---

[1] Emilübersetz. I, § 189. Tome III, p. 42. Vgl. 49 ff., 45.
[2] Vgl. Nouv. Héloïse II, 509.
[3] Tome III, p. 42 ff., 45.
[4] Tome III, p. 38, wo Rousseau sich auf L. beruft.
[5] Emilübessetz. II, § 246 f.
[6] Sieh oben S. 41.
[7] „L'artisan und l'artiste." Tome III, p. 205.

kein Vergolder, kein Lackierer werden wie Lockes Edelmann.
— Es ist mir lieber, er werde Schuhmacher, als Dichter; es
wäre mir auch angenehmer, er pflasterte auf den Landstrassen,
als dass er Porzellanblumen machte." [1])

Hinsichtlich der Abhärtung ist Rousseau in die Fusstapfen
Lockes getreten, obwohl jene bei seiner Besprechung von der
Stärkung des Willens nicht in demselben Grade wie bei Locke
gefordert wird. Hier aber geht Rousseau manchmal in seinem
Eifer über die Grenzen des Vernünftigen hinaus. Der Welt-
bürger muss alle Schläge des Schicksals ertragen lernen, dem
Mangel trotzen, und wenn es sein muss, auf den Eisfeldern
Islands oder auf dem glühenden Fels von Malta leben können. [2])

Da ferner alles Glück nach Rousseau in der Uebereinstimmung von Wollen und Können besteht, so müssen diese
in Einklang gebracht werden, damit die physische Abhärtung,
wie in Lockes System, auch dem Willen eine beständige Richtung gebe, und so die Grundlage der moralischen Erziehung
bilde.

Ueber einige Massregeln Lockes im Abhärtungsprozess hat
Rousseau abweichende Ansichten und lässt die Gelegenheit, sie
zur Geltung zu bringen, nicht vorübergehen. Nach Rousseau
ist Locke in seinen Mitteln inkonsequent gewesen, und das
Prinzip der Naturgemässheit ist nicht folgerichtig durchgeführt
worden.

Das Naturkind muss gegen alle Härten und Unbilden der
Natur abgehärtet werden. Daher eifert Rousseau gegen das
Unnatürliche der Vorsichtsmassregeln Lockes. „Locke verfällt",
klagt er, „mitten unter männlichen und verständigen Vorschriften, die er uns gibt, in Widersprüche, die man von einem
so strengen Denker nicht erwarten sollte."

So ist Rousseau bei der Wahl der Mittel für die Gesund-
heitspflege und körperliche Abhärtung eklektisch verfahren.
Was für das Naturkind passt, nimmt er an, was künstlich erscheint, verwirft er, das Fehlende ergänzt er. [3]) Lockes Vorschriften bezüglich der Kleidung, des Schlafes, des Liegens und

---

[1]) Tome III, p. 221.
[2]) Tome III, p. 15.
[3]) Vgl. Thoughts §§ 7, 10, 16—18 und Tome III, p. 129.

Weckens der Kinder, ihrer Nahrung, auch die über das Essen von Fleisch und Obst hat sich Rousseau ganz zu eigen gemacht. [1])
Jedoch den wichtigsten Unterschied, der zwischen ihm und seinem Vorgänger herrscht, in dem auch eines seiner Hauptverdienste liegt, hat er selbst nicht hervorgehoben. Locke, der den Satz aufgestellt hat: „Nil est in intellectu quod non fuerit in sensu", wonach der ganze Inhalt unseres Geistes sinnlichen Ursprungs ist, spricht auffallenderweise nirgends von einer planmässigen Schulung und Entwicklung der Sinnesorgane, welche dem Geiste den Wissensstoff zuführen. Diese Lücke des Locke'schen Systems hat Rousseau ausgefüllt. Er fordert die allseitige und gleichmässige Ausbildung der Sinne als Vorbedingung der geistigen Thätigkeit des Kindes und besonders der Urteilsfähigkeit, und gibt Vorschriften und Beispiele ihrer Anwendung für die Ausbildung der einzelnen Sinne. Dies ist die wichtigste Eigentümlichkeit in Rousseaus Behandlung der physischen Erziehung. Die von Rousseau nach dieser Richtung gegebene Anregung eröffnete der neuen Pädagogik ein unbebautes und fruchtbares Feld und bildete einen wichtigen Faktor in der weiteren Entwicklung der Erziehungslehre und Erziehungsreform und ein Hauptelement in dem Fröbel'schen Kindergarten.

Auch in der allgemeinen Auffassung der Wichtigkeit der physischen Erziehung steht Rousseau über Locke. Bei diesem hat die körperliche Ausbildung nur den Zweck, dem Körper diejenige Stärke, Gewandtheit und Gesundheit zu verleihen, welche dem Individuum materiellen Vorteil bringt. Nach Rousseau liegt das Ziel derselben vielmehr in der Förderung des Gemeinwohls durch das Individuum; die körperliche Entwicklung hat bei ihm daher eine höhere Bedeutung als bei Locke: sie bezweckt die Bildung des Charakters im Interesse der sittlichen und socialen Ordnung und ist so die notwendige Vorbedingung der universellen Reform, des höchsten Ziels Rousseaus.

---

[1]) Vgl. Thoughts §§ 5, 11. Émile Tome III, pp. 117, 126, 128; Thoughts § 21. Emile III, p. 64. Thoughts § 22. Emile III, p. 130. Thoughts § 21. Emile III, p. 131. Thoughts § 15. Emile III, pp. 100 ff. Thoughts § 7. Emile III, p. 39. Thoughts § 4. Emile III,

2) Intellektuelle Erziehung.

In noch grösserem Widerspruch zu den bestehenden Erziehungssystemen als Locke befindet sich Rousseau bei der Aufstellung seiner Theorien über die intellectuelle Erziehung. Sein Grundsatz ist: „Es giebt keine öffentliche Erziehung mehr und kann keine mehr geben." „Nimm das Widerspiel des herrschenden Gebrauches, und du wirst fast immer recht fahren." Hier geht er weiter als Locke und verwirft die Bücher ganz und gar: „Je hais les livres, ils n'apprennent qu'à parler de ce qu'on ne sait pas."[1]) Erziehlicher Unterricht wird daher von ihm völlig verworfen und Erziehung, noch mehr als es schon bei Locke der Fall ist, einzig und allein als das gesammte System der Einflüsse aufgefasst, unter denen sich das Kind entwickelt. Erziehung wird Erfahrung, Selbstthätigkeit ersetzt Unterricht, und Lernfähigkeit und Lernfreude werden bezweckt eher als das Wissen selbst. „Émile soll die Wissenschaft nicht erlernen, sondern erfinden."[2])

In der Frage von dem Anfang der intellektuellen Erziehung gehen Rousseau und Locke weit auseinander. Hier könnte es scheinen, als ob Rousseau die erste Periode der intellektuellen Entwicklung eben so übersehen hätte, wie Locke es bei der physischen Erziehung gethan hatte. Bis zu seinem 12. Jahr soll Émile kaum wissen, was ein Buch ist. Dies ist nicht etwa ein Versehen, sondern das Verfahren, welches Rousseaus Erkenntnistheorie erfordert. „Il n'y a point avant la raison de véritable éducation pour l'homme", sagt Rousseau, und da sich dieses Vermögen langsam und spät entwickelt, so fällt der eigentliche Anfang der intellektuellen Erziehung erst in die Jünglingszeit. Die Erziehung der ersten Periode muss also rein physisch sein. „Uebe seinen Leib, seine Organe, seine Sinne und seine Kräfte; seine Seele aber halte müssig, so lange es geht."[3])

Dieser Unterschied in den Lehrplänen beider Männer entspringt eben aus der Verschiedenheit ihrer Erkenntnistheorien.

---

[1]) Tome III, p. 82.
[2]) Emilübersetz. III, § 15.

Locke, welcher der Ansicht ist, dass das Kind Ideen hat und zu denken beginnt, sobald es Sinneseindrücke empfängt, empfiehlt einen frühen Anfang des Unterrichts.[1]) Rousseau dagegen, welcher behauptet: „Avant l'âge de raison l'enfant ne reçoit pas des idées mais des images“, hat offenbar Locke im Auge, wenn er sagt: „L'enfant qui lit ne pense pas, il ne fait que lire; il ne s'instruit pas, il apprend des mots.“ Darum: „Point d'autre livre que le monde, point d'autre instruction que les faits.“[2]) Zudem sollen dem Kind keinerlei Kenntnisse beigebracht werden, bevor es seiner natürlichen Entwicklung nach den Wunsch und das Bedürfnis nach derartigen Kenntnissen zeigt; daher sollen Lesen und Schreiben von dem Kinde ferngehalten werden, bis durch natürliche Umstände sein Interesse dafür und sein Wunsch darnach geweckt worden sind.[3])

Als ein Mittel zur Erweckung des kindlichen Interesses und als eine Hilfe beim Lesenlernen empfiehlt Locke „Würfel und Spielsachen mit Buchstaben auf denselben.“[4]) Diese Methode ist nach Rousseau ganz unnatürlich und er spricht deutlich aus, warum. „Locke will, es soll mit Würfeln lesen lernen. Ist das nicht eine herrliche Erfindung? Wie Schade um sie! Ein sichereres Mittel, als alle diese, das man aber immer wieder vergisst, ist die Lust zu lernen. Flösse dem Kinde dieses Verlangen ein und dann lass deine Kasten und Würfel beiseite; denn dann wird jede Methode ihm recht sein.[5]) Hier thut aber Rousseau in seinem Natureifer Locke Unrecht. Dieser verlangte, dass man zuerst das Interesse des Kindes wecken sollte und schlägt diese „bureaux typographiques“ als ein Mittel zu diesem Zwecke vor.[6]) Nun aber ist es eine offene Frage, ob Rousseaus Methode, des Kindes Lust am Schreiben und Lesen zu wecken, natürlicher ist als die Lockes, gerade wie es auch noch ein Gegenstand schweren Zweifels ist, ob bei den von Rousseau

---

[1]) Thoughts §§ 148, 160.
[2]) Tome III, pp. 180, 191, 100.
[3]) Tome III, 118. Vgl. 18, 40 f., 81 f., 117, 106, 101, 100.
[4]) Thoughts §§ 149, 150.
[5]) Vgl. Tome III, p. 113 f.

vorgeschlagenen Kunstgriffen das Kind nicht viel eher die Hand
des Erziehers als die der Natur bemerken würde. [1])

Ein gleiches Bedenken erhebt Rousseau gegen Lockes Rat,
das Studium der Geographie mit Hilfe von Globus und Karten
anschaulich und interessant zu machen. [2]) „Dieser ganze
Apparat von Werkzeugen und Maschinen ist mir zuwider." [3])
Um wirklich naturgemäss zu sein, müsste nach Rousseau der
Unterricht sich auf freie Erfahrung und Erfindung und auf
Umgang mit dem Erzieher beschränken.

Doch sind dies nur Unterschiede in der Methode. In den
Prinzipien und in dem grossen Ziel der intellektuellen Erziehung,
wie es durch Lockes Erkenntnistheorie, besonders seine Er-
örterung über den Gebrauch der Worte dem Unterrichtenden
klar gemacht wird, stimmt Rousseau völlig mit ihm überein.
Die Erziehung soll zum selbstständigen Denken anregen, soll
Ideen, nicht Worte mitteilen. [4])

Was die Auswahl der Unterrichtsgegenstände betrifft, so
ist es Rousseaus Grundsatz, diese allein von den Wünschen
und Bedürfnissen der Schüler abhängig zu machen. Doch
gibt er eine solche Auswahl, in der ganz besonders Lockes
Einfluss unverkennbar ist.

In diesem Lehrplan erkennt Rousseau nach Lockes Vorgang
die Nützlichkeit als das erste Prinzip an. „Il ne s'agit point
de savoir ce qui est, mais seulement ce qui est utile." [5]) Indessen versteht Rousseau unter Nützlichkeit nicht genau
dasselbe wie Locke. Lockes Ziel ist das Kind zum Edelmann
(gentleman) heranzubilden, und er wählt als Unterrichtsgegenstände diejenigen aus, welche sich für die Gesellschaft als die
nützlichsten erweisen. Dagegen gehen Rousseaus Forderungen
auf solche Dinge, welche die jeweilige Entwicklung der Natur-
anlagen am besten fördern könnten. Jeder Unterrichts-
gegenstand muss der allgemeinen Schulung und

---

[1]) Tome III, p. 118. „Émile empfängt manchmal Einladungs-
briefe u. s. w."
[2]) Thoughts § 178.
[3]) Tome III, p. 191. Vgl. 180 ff.
[4]) Vgl. Nouvelle Héloïse Tome II, p. 528.

Ausbildung des Geistes dienen. So fasst Rousseau
also die Nützlichkeit auf.[1]

Mit Locke stimmt Rousseau überein, wenn er die Muttersprache zur Grundlage alles Sprachunterrichts macht.[2] Hierbei
schenkt er besondere Aufmerksamkeit dem richtig sprechen
Lernen. Die Sprache soll dann der geistigen Entwicklung
nachfolgen und auf allen Stufen ein gefügiges Werkzeug der
Begriffsbildung sein.[3]

Das Lernen der fremden Sprachen, unter denen er besonders
Latein hervorhebt, soll der Muttersprache nachfolgen. Dieser
Unterricht hat weniger einen grammatischen als einen ästhetischen Zweck, eine Seite der Erziehung, die von Locke völlig
übersehen worden war, von Rousseau aber dann noch weiter
durch Zeichnen, Musik, besonders Singen, und Kulturgeschichte
entwickelt wird.[4]

In seiner Behandlung der Naturwissenschaften
schiesst er sich ebenfalls eng an seinen Vorgänger an. Während
es indessen das Verdienst Lockes war, die Aufmerksamkeit
auf diese lange vernachlässigten Studien wieder hingelenkt zu
haben, ist es Rousseau, der zuerst ihren erziehlichen Wert
klargelegt hat.[5] Lockes Vorgang aber in der Benutzung der
Fabeln zur Belehrung des Kindes folgt Rousseau nicht. Die
Fabeln, selbst die von La Fontaine, gingen über die Fassungskraft der Kinder. „Aus der Fabel vom magern Wolf und vom
fetten Hund zieht das Kind nicht eine Lehre der Mässigung,
die man ihm zu geben vermeint, sondern eine Lehre der Zügellosigkeit." „Die Fabeln können für Erwachsene belehrend sein;
den Kindern muss man aber die nackte Wahrheit sagen."[6] Aus
De Foes Robinson Crusoë aber soll das Kind eine weite
Betrachtung des wirklichen Lebens gewinnen und die natürliche
Lage und die Bedürfnisse der Menschen kennen lernen.[7] Da

---

[1] Tome III, pp. 178, 195.
[2] Tome III, p. 102 ff.
[3] Tome III, p. 58 ff.
[4] Tome III, pp. 149, 156 f., 104, 272 f. Vgl. Nouv. Hél. II, p. 525.
[5] Tome III, p. 198. Vgl. Nouv. Hél. II, p. 528.

schliesslich auch ihm die intellektuelle Erziehung eher erfahrungsmässige Entwicklung als das Ansammeln von Kenntnissen ist,
so stimmt er mit Locke nicht nur in der völligen Verwerfung
des mechanischen Auswendiglernens ganz überein, sondern
verwirft sogar das Auswendiglernen ganz und gar. [1]

Das Reisen fällt, wie auch bei Locke, ans Ende der
Erziehung. Bevor Émile seine Stellung in der bürgerlichen
Gesellschaft einnimmt, muss er die Menschen und Einrichtungen
verschiedener Länder kennen lernen. Dies ist eine notwendige
Ergänzung und der logische Schluss des Rousseau'schen Er-
ziehungssystems. [2]

Lockes zeitliche Anordnung der Unterrichtsfächer verwirft
Rousseau ganz. Eine solche Anordnung soll sich eher der
inneren Entwicklung anpassen, als dieselbe zu leiten versuchen.
Der Zeitpunkt der Aufnahme der verschiedenen Gegenstände
ist also nur relativ und hängt ganz von den Wünschen und
Bedürfnissen des Schülers ab.

In der intellektuellen Erziehung ist also Rousseau ein
selbstständiger Schüler Lockes, über den er in seiner Auffassung
dieses Teils der Erziehung weit hinausgegangen ist. Locke
spricht in seinen „Thoughts" nicht von dem Einfluss besonderer
Studien auf die geistige Entwicklung, wie man es von dem
Verfasser des „Versuchs" wohl hätte erwarten sollen, sondern
mehr von dem Nutzen, den solche Kenntnisse wohl für einen
Edelmann haben könnten. Dies ist ein bedeutender Fehler
seines Systems, und seine Beseitigung ist zum grossen Teil
Rousseau zu verdanken. Nach Rousseau soll jeder Unter-
richtsgegenstand ein Bildungsfach sein, welches bei
der Entwicklung der allen Menschen gemeinsamen Anlagen
mithelfen und den Schüler in den Stand setzen muss, in allen
Stellungen und Verhältnissen den Anforderungen des menschlichen Lebens gewachsen zu sein.

3) Moralische Erziehung.

In Uebereinstimmung mit Locke betrachtet Rousseau als
das Endziel der Erziehung die Bildung eines sittlichen und

---

[1] Tome III, p. 107. Vgl. Nouv. Hél. II, pp. 526, 528.

tugendhaften Charakters, und er weist daher wie jener der
moralischen Erziehung den wichtigsten Platz an. Physische[1])
wie auch intellektuelle[2]) Erziehung sind nur insofern von Wert,
als sie darnach streben dem Kinde einen festen moralischen
Charakter zu verleihen.

Wie oben ausgeführt wurde, gründen sowohl Rousseau als
Locke ihre Moral in letzter Linie auf die Religion.[3]) Die
Lehren dieser Religion sind aber bei Locke auf die Vernunft,
bei Rousseau auf das Gefühl basiert. Dieser Unterschied führte sie,
wie wir gesehen haben, zu einer verschiedenen Auffassung der
Tugend und zu einer Verschiedenheit in den Mitteln und
Methoden zur Erreichung ihres Ziels. Nach Locke besteht
die moralische Erziehung hauptsächlich in der Bildung und
Entwicklung des Verstandes, zu dem Zwecke, dass derselbe die
religiösen Lehren zu erfassen fähig gemacht werde, und daher
macht er auch natürlicherweise zwischen intellektueller und
moralischer Erziehung geringen oder keinen Unterschied.
Rousseau dagegen, der die Verstandeskräfte des Kindes so
lange wie möglich in Unthätigkeit verharren lässt, sucht im
Anfang nur ·den reinen Keim der Natur vor allen störenden
Einflüssen zu bewahren. Deshalb weicht er ebenso weit in
der Methode und dem Anfangspunkt der moralischen Erziehung
von Locke ab wie bei der intellektuellen Erziehung, d. h. während
Locke einen frühen Anfang und positive Massregeln verlangt,
sind Rousseaus Massregeln mehr zurückhaltender Natur oder
treten erst im späteren Alter des Kindes in Kraft. „Man muss
darauf sehen, dass ihm diese notwendigen Begriffe so spät, als
irgend möglich, gegeben werden."[4])

Auf den Gottesglauben gründet Locke alle Tugend; daher
verlangt er, wie oben gezeigt, man solle „sehr früh" in den
Geist des Kindes eine richtige Vorstellung von Gott einpflanzen.[5])
Nach Rousseau aber soll es so eingerichtet werden, dass die
moralische Entwicklung ganz natürlich und in der Art vor sich

---

[1]) Tome III, pp. 70, 228.
[2]) Tome III, pp. 329, 331, 357, 461.
[3]) Sieh oben Seite 68, 69.
[4]) Emilübersetz. II, § 81.

gehe, dass sich aus ihr eine Weckung und Stärkung des angeborenen Gefühls für das Gute ergibt. Eine solche Einwirkung kann nach Rousseau natürlicherweise eher von dem Ende als von dem Anfang gefordert werden; sie wird zur Bestätigung aber nicht zur Begründung des Erziehungsgeschäftes gebraucht, wie es Locke wollte. Er widerspricht daher lebhaft dem Vorschlag. Lockes: „Jedes Kind," sagt er, „das an Gott glaubt, ist daher notwendig götzendienerisch oder wenigstens anthropomorphistisch, und wenn die Einbildung Gott einmal gesehen hat, so ist es selten, dass der Verstand ihn begreift. Zu dieser Verirrung führt nun gerade die Anordnung Lockes." [1])

Da also dem Geiste des Kindes keine Art von Kenntnissen dargeboten werden soll, bevor das Bedürfnis die Lust nach denselben wachgerufen hat, und da das Kind der Gottesvorstellung unfähig ist, so verschiebt Rousseau allen religiösen Unterricht bis zum 17. oder 18. Jahr, [2]) und da ferner Rousseau die Offenbarung als nötige Quelle der religiösen Belehrung verwirft, so lässt er seinem Schüler die Erkenntnis Gottes und seines Verhältnisses zu ihm aus der Naturbetrachtung erschliessen. Bis dahin soll Émile nicht einmal den Namen Gottes hören. [3])

Gegen den von Rousseau vorgeschlagenen Gang erscheint völlig richtig Kants Einwurf, dass es nämlich unmöglich sein würde, ein Kind bis zu diesem Alter aufwachsen zu lassen, ohne dass es den Namen Gottes höre. Jedoch ist von dem Standpunkt seiner optimistischen Auffassung der menschlichen Natur und seiner Theorie der Unfähigkeit des kindlichen Geistes zur Ideenbildung, Rousseaus Einwurf gegen Locke ebenfalls richtig, und er ist mit Recht dem Religionsunterricht abgeneigt. Alle Tugenden sind nach Rousseau negative, daher soll die einzige moralische Belehrung des Kindes in dem Satze bestehen: „Du sollst Niemand Böses zufügen." [4])

---

[1]) Emilübersetz. IV, § 167. Tome III, p. 297.

[2]) Toute la différence que je vois ici entre vous et moi est que vous prétendez que les enfants ont à sept ans cette capacité, et que je ne la leur accorde pas même à quinze. Tome III, pp. 298, 299) ff. Vgl. Tome II, p. 528.

[3]) Tome III, p. 301.

[4]) Tome III, p. 97. Vgl. Kants Pädagogik in Im. Kants sämmt-

Dagegen folgt Rousseau in diesem Teil der Erziehungslehre Locke in der Wichtigkeit, die er dem Beispiel und der Abhärtung beimisst. Der Wille muss so viel wie möglich von körperlichen Zuständen unabhängig gemacht werden.

Was die besonderen Tugenden betrifft, die Locke seinem Zögling einzupflanzen strebte, so hatte er namentlich die Freigebigkeit ermutigt, und diese suchte er dem Kinde durch reichliche Belohnung jedes Opfers und jeder grossmütigen That beizubringen. Zu diesem Vorschlag bemerkt Rousseau in sehr passender Weise: „Mache, dass sie durch die Erfahrung belehrt werden', sagt Locke, ‚dass der Freigebige immer den grössten Vorteil hat.' Damit macht man ein Kind freigebig dem Scheine nach, in der That aber habsüchtig.' Er fügt hinzu, dass ‚die Kinder sich auf diese Weise die Freigebigkeit zur Gewohnheit machen werden'; ja, eine Freigebigkeit auf Wucher, die eine Eichel giebt gegen die Eiche."[1]

Dieser Einwurf gegen Lockes Methode ist völlig berechtigt. Diese Tugend sucht Rousseau nicht einzupflanzen, da sie nicht gelehrt werden kann. Nach ihm beschränken sich die Verpflichtungen des Kindes auf die Pflichten gegen sich selbst. — „Die erhabensten Tugenden sind negativer Natur."[2]

In der Frage ob und wie Freigebigkeit gelehrt werden soll, ist Kants Lehre ein treffendes Korrektiv sowohl für Rousseau als für Locke. Er sagt: „Zeige dem Kinde, dass es nur durch Zufall besser gekleidet und genährt ist als Andere und dass diese ganz dasselbe Recht darauf haben wie es selbst."[3]

Die Tugend der Höflichkeit, der Locke soviel Wichtigkeit beilegt, lässt Rousseau völlig bei Seite. In diesem Punkte entfernten ihn seine Ideen von der Natur, die er suchen, und von der Gesellschaft, die er meiden wollte, vollständig von Locke. Daher ist ihm die Höflichkeit keine Tugend. „Hüte dich

---

[1] Emilübersetz. II, § 104. Tome III, p. 95.

[2] Emilübersetz. II, § 108. Tome III, p. 97. Vgl. 268 f., 331, 337. In der Art und Weise, wie Rousseau den Begriff des Eigentums lehrt, hat er sich eng an Locke angeschlossen und es findet sich sogar ein wörtlicher Anklang. Vgl. Thoughts § 110 f. Émile III, 87 f.

[3] Sämmtliche Werke, herausg. von Rosenkranz, Leipzig 1872. Band IX, S. 426 ff.

besonders, dem Kinde leere Höflichkeitsformeln einzuprägen, mit denen es im Notfalle wie mit Zauberworten seine ganze Umgebung seinem Willen unterwerfen und im Augenblick bekommen kann, was es will."[1]) Nach Rousseau ist die äussere Höflichkeit ein Ergebnis der Gesellschaft und nicht der Natur, und er malt mit seiner gewöhnlichen Uebertreibung und Misdeutung die schädlichen Folgen des Locke'schen Plans aus. Er nimmt an, dass diese Höflichkeitsformeln die „Höflichkeit des Herzens" ausschliessen würden, welche Locke neben den guten Manieren verlangt.

Dagegen stimmt Rousseau mit Locke überein in seiner Begünstigung der Gefühle der Sympathie und des Wohlwollens.[2]) Nach Locke aber müssen diese bei der Entwicklung des Kindes so früh als möglich eingeimpft werden; nach Rousseau dagegen erwachsen diese Gefühle ganz natürlich aus der Selbstliebe des Kindes infolge seines Umgangs mit seinen Mitmenschen und seiner Beziehungen zu ihnen.

In der Frage der Wahrhaftigkeit betont Rousseau stärker als Locke, dass das Kind von Haus aus keine Neigung zum Lügen hat, und dass die Unwahrhaftigkeit nur durch schlechtes Beispiel gelernt wird. Rousseau sucht nun, indem er das Kind möglichst weit aus dem Bereiche solcher Beispiele entfernt, zu verhindern, dass es sich diesen Fehler aneigne. Ferner stimmt er mit Locke darin überein, dass man dem Kinde immer glauben soll. Wenn es aber bei seiner Unwahrhaftigkeit beharrt, sollen die natürlichen Folgen eines solchen Handelns seine Strafe bilden.[3])

So haben wir gesehen, dass in der moralischen Erziehung, obwohl ihre Theorien weit auseinander liegen, Rousseau Locke so weit gefolgt ist, als seine Ideen von Natur, Tugend und geistiger Entwicklung es erlaubten. Lockes Massregeln sind, wie sie in der intellektuellen Erziehung es waren, beeinflussender und einmischender Art. Die Natur muss geführt und geleitet werden. Hier aber schlägt Rousseau wieder das negative Verfahren ein. Tugend kann man nicht lehren; es ist dies sogar

---

[1]) Emilübersetz. II, § 39. Tome III, p. 71. Thoughts § 93.
[2]) Tome III, pp. 251 ff. Thoughts § 117.
[3]) Tome III, pp. 92 ff. Vgl. 244; Thoughts §§ 78, 84, 112, 139.

unnötig, nur vor Laster muss man das Kind bewahren; denn alle Tugenden entspringen und entwickeln sich in natürlicher Weise aus den natürlichen Anlagen.

In einem Punkte jedoch hat sich Rousseau weit von Locke entfernt. Indem Locke das Nützliche suchte, hatte er das Schöne übersehen. Rousseau macht die Ausbildung des guten Geschmacks zu einem Teil der moralischen Erziehung. Die Liebe zur Harmonie und zur Ordnung ist angeboren. Diese Liebe zum Schönen setzt Rousseau in Verbindung mit der Liebe zum Guten. Mit dem Moralischen ist das Schöne immer verknüpft, und dies muss der Mensch interesselos empfinden und lieben. [1]

Dritter Teil.
Das Verhältnis der beiden Systeme zu einander.

Erkenntnislehre.

Nachdem wir die Philosophie und Pädagogik Lockes und Rousseaus im Einzelnen entwickelt und geprüft haben, sind wir in der Lage, festzustellen in wie weit in besonderen Punkten die Ideen eines jeden von ihm selbst herrühren, und in welchem Verhältnis beide zu einander stehen.

Was die Erkenntnistheorie betrifft, so ist es klar, dass Lockes „Versuch über den menschlichen Verstand" Rousseau als Quelle, und beinahe sogar als einzige Quelle gedient hat; wir haben sowohl äussere wie innere Zeugnisse für Rousseaus frühe und vertraute Bekanntschaft mit diesem Werk, [2] und

---

[1] Tome III, pp. 407 ff.

[2] Vgl. „Tantôt avec Leibnitz, Malebranche et Newton,
   Je monte ma raison sur un sublime ton;
   J'examine les lois des corps et des pensées.
   Avec Locke je fais l'histoire des idées."
Villemain, Tableau de la lit. franç., Paris 1859. Tome II, 227.
   „Je commençois par quelque livre de philosophie, comme la Logique de Port-Royal, l'Essai de Locke, Malebranche, Leibnitz, Descartes etc." Confessions (aus dem Jahre 1736). Partie I, Liv. VI, Tome I, 233.

haben gesehen, wie eng er in seiner Darstellung der geistigen Vermögen sich an dasselbe angeschlossen hat. Jedoch selbst hinsichtlich seiner Erkenntnistheorie wäre es ungerecht, seine Originalität völlig in Abrede zu stellen.

Obgleich er ganz auf dem Boden des Locke'schen Empirismus steht und fast ausschliesslich in dieser Schule gebildet ist, trägt er doch, wie oben gezeigt, durch seine Widerlegung des Sensualismus und Materialismus seiner Zeit, eine Art Idealismus in den Locke'schen Empirismus hinein — eine nötige und treffende Ergänzung. Nach Lockes Theorien ist das Geistige im Menschen beschränkt und das Sinnliche waltet vor. Rousseau dagegen betont die notwendige Thätigkeit des Geistes, das Ueberwiegen des Geistigen über das Sinnliche, bei der Ideenbildung ist eine geistige Mitwirkung unerlässlich. Die Tendenz von Lockes Psychologie ging dahin, das Denken zu einem mechanischen Vorgang zu machen. Dieser Tendenz tritt Rousseau entgegen, indem er zeigt, dass der Mensch nicht nur ein auf die Erfahrung gegründetes, reflektierendes Bewusstsein hat, sondern auch ein produktives und unmittelbares, nämlich das des Gefühls, welches eine von aller Erfahrung unabhängige Art des Bewusstseins ist. Durch diese Einführung und Befürwortung der unmittelbaren Gefühlsüberzeugung hat Rousseau Lockes Erkenntnistheorie vervollständigt und berichtigt.

Indessen liegt Rousseaus grösstes Verdienst in der unmittelbaren Anpassung seiner Pädagogik an seine Erkenntnistheorie und der praktischen Verwendung dieser für pädagogische Zwecke. Obwohl es Locke war, der zuerst die Psychologie zur Richtschnur der Pädagogik machte, hatte er doch, trotz des offenbaren Zusammenhangs zwischen seinem „Versuch" und seinen „Gedanken", diese Beziehung beider Wissenschaften nicht genügend zum Ausdruck gebracht. Dieser tiefinnere Zusammenhang beider wird erst von Rousseau zum Ausgangspunkt und zum Führer bei seinen pädagogischen Bestrebungen genommen. Wenn seine Auffassung des Zusammenhanges beider auch falsch und die Anwendung der daraus entwickelten Schlüsse manchmal auch verkehrt sein mag, so ist doch sein Vorgang in der praktischen Verwendung der Philosophie in der Pädagogik von selbstständiger Bedeutung.

Ethik.

Die Ethik war die schwache Seite von Lockes Philosophie und in diesem Teile weicht Rousseau am weitesten von ihm ab. Die Folgen der Philosophie, welche die sittlichen Handlungen nur durch die Triebfedern von Lust und Unlust bewirkt werden liess, hatte Rousseau erlebt und durch Erfahrung kennen gelernt. Die gesunde Reaktion, welche, durch den Einfluss von Shaftesbury und durch die Moralphilosophen hervorgerufen, in England auf Locke folgte, fehlte bis jetzt in Frankreich, und den extremen Materialismus und Fatalismus fand Rousseau zu bekämpfen. Aus diesem Umstand lassen viele Unterschiede zwischen den beiden Philosophen sich herleiten. Locke erklärte nach den erschütternden Erlebnissen unter den Stuarts den Naturzustand für wünschenswerter als die absolute Monarchie; Rousseau wiederum, indem er die Ueberkultur und die Verderbtheit seiner Zeit bekämpfte, erklärte diese für schlimmer als den Naturzustand. Dieser Zustand ist aber nach Locke eine primitive Civilisation, nach Rousseau, der einzige normale und vollkommene Zustand. Da Locke in der Natur nicht Vollkommenheit sieht noch in der Kultur Verderbnis, gründet er seine Moral auf das Gesetz der gesellschaftlichen Meinung — denn ohne Gesetz ist keine Moral denkbar — und verweist, um eine solche Notwendigkeit zu beweisen, auf die erfahrungsmässige Verschiedenheit der Meinungen und der Moral. Nach Rousseau dagegen wären solche Meinungsverschiedenheiten ein Zeichen und ein Beweis der Entartung und eine auf solche Meinungen gegründete Moral wäre nicht mehr Moral. Es hat immer nur gegeben und es kann nur geben ein wirkliches Sittengesetz und zwar ein ungeschriebenes, und dessen Begründung wird in der Wesenseigentümlichkeit des Menschen gefunden, nämlich in dem angeborenen, universellen, überzeugenden Gefühl. — Beide stimmen zwar darin überein, dass der Wille immer die Kraft zu wollen hat, und dass eben der Umstand, dass seine Richtung bestimmt ist, den Menschen frei macht, nach Locke aber hängt der Wille ganz vom Verstand ab, und ein sittliches Handeln wird am Ende nur ein kluges, durch Gesetz erzwungenes Handeln. Ganz richtig greift Rousseau diese Auffassung an. Er macht dagegen das angeborene Gefühl zum Führer des Willens. Nach ihm also gehen sittliche Handlungen aus dem Pflichtgefühl hervor, und die Freude an guten Handlungen ist „der Lohn, der reichlich lohnet." Locke entwickelt seine ethischen Prinzipien aus dem Empirismus, Rousseau dagegen stellt die Möglichkeit eines solchen Verfahrens in Abrede. Ausserdem geht Rousseau über seinen Vorgänger hinaus, indem er dieses Gefühl auch zu den Ideen der Ordnung und Harmonie und zu der Liebe für unsere Mitmenschen in Beziehung bringt. So ist die Tugend nach Rousseau nicht eine erzwungene Gesinnung, sondern eine sich selbstlohnende Eigenschaft oder Gemütsbeschaffenheit, welche, keinen weiteren Vorteil sucht als die Freude Gutes zu thun.

Rousseau ist also sowohl in seinem Ausgangspunkt als auch in seiner Ausführung der ethischen Theorien nicht nur völlig unabhängig von Locke, sondern steht sogar in ausgesprochenem Gegensatz zu ihm, jedoch ist er, wie oben gezeigt nicht original oder schöpferisch gewesen in seiner Widerlegung der herrschenden Systeme und in der Begründung seiner Ethik. Zu diesem Zwecke entlehnte er sich Waffen von den in England auf Locke folgenden Gegnern desselben, besonders von Shaftesbury, wie er auch ihre Lehren sich aneignete; Rousseaus Originalität bestand vielmehr in der Form und Darstellungsweise, durch welche jene Lehren in kurzer Zeit weltbekannt wurden. Erst durch Rousseaus Anregung wurde für das geistige Gefühl eine gebührende Stellung im Organismus des Bewusstseins gewonnen. Seine Lösung fand das Problem erst durch Kant, der das Wesen des Gefühls untersuchte und sein organisches Verhältnis zu den übrigen geistigen Vermögen feststellte. Rousseaus Stellung ist daher geschichtlich von Bedeutung als eine Vorstufe zu Kant. „Diese Wahrheit", sagt Kuno Fischer, „ich meine die Ursprünglichkeit und Unabhängigkeit der Moralität, ist unserem Philosophen (Kant) durch Rousseau dergestalt erleuchtet worden, dass er sie festhielt und nie mehr daran gezweifelt hat", und Kant selbst gesteht, dass Rousseau ihn „zurecht gebracht", und Rousseaus Lösung des Problems der Moral durch die Entdeckung des Gefühls vergleicht er mit der Lösung der kosmologischen Probleme durch Newtons Entdeckung der Gravitation. *)

---

*) Kuno Fischer, Im. Kant und seine Lehre. 3. Aufl. 1889. 5 B. I, S. 225 ff.

Obgleich es also Rousseau an geordneten Gedankenreihen
und notwendigen Folgerungen fehlte, verstand er es doch, gewisse zweifelhafte und bisher unergründete Punkte durch eine
Darstellung voll Beredsamkeit und Begeisterung in ein derartiges
Licht zu setzen, dass ihre Bedeutung für alle Zeiten hervorgehoben und die Absurdität der Verstandesmoral Lockes und
seiner Anhänger ein für allemal der Welt klar gemacht war.

Erziehungslehre.

In der ersten Schrift von Bedeutung, die wir von Rousseau
besitzen, hat er uns einen Beweis von dem frühen und tiefen
Eindruck, den er durch Lockes „Gedanken über Erziehung"
empfangen hat, gegeben, und zugleich erhalten wir durch
dieselbe einen Massstab nach dem wir Rousseaus zunehmende
Unabhängigkeit bemessen können.

Im Jahre 1740 wurde Rousseau Hauslehrer der beiden
Söhne des M. Bonnot de Mably, des grand-prévôt de Lyon
und eines Bruders der berühmten Abbé de Mably und de
Condillac. Obgleich dieser sein Lehrversuch, wie bekannt, in
auffallender Weise verunglückte, so ist doch sein während
jener Lehrthätigkeit geschriebener Erziehungsplan: „Projet
pour l'éducation de M. de Sainte-Marie,"[1] von Wichtigkeit für
die Einsicht in Rousseaus Entwicklung. Ein Einblick in die
Schrift zeigt uns, dass damals Rousseau mit Lockes Erziehungstheorien bekannt war und vollständig unter ihrem Einfluss
stand. Durchweg ist es in dieser Schrift Locke, der spricht.

Auffallend ist sofort der Gegensatz zwischen den hier
entwickelten Ideen und denen des später entstandenen „Émile";
dieser Unterschied ist es, der uns Rousseaus spätere Selbstständigkeit vor Augen führt. In der ersten Schrift ist er
Locke sogar in den Punkten gefolgt, gegen die er später
in seinem Émile die schärfste Kritik richtet; z. B. gibt er
in seinem „Projet" Vorschriften dafür, wie sich der Lehrer
Autorität[2] verschaffen und sie erhalten solle, ein Erfordernis,
das er im Émile verwirft; auch billigt er Belohnungen

---

[1] Tome V, p. 294. Vgl. v. Sallwürks Emilübersetzung, Band II,
S. 397.

[2] Tome V, Projet etc., 296.

und Züchtigungen[1]) als Mittel zur Führung des Schülers,
sowie Lob und Tadel zum Zweck der Weckung des Interesses;
er billigt und rät selbst das „Raisonniren"[2]) mit Kindern
an, das sich als Mittel zur Weckung der Wissbegierde
wohl verwenden lasse. Sein Ziel ist „Sittlichkeit, Klugheit und
Kenntnisse", was unmittelbar an Lockes Forderung der „Tugend,
Weisheit, Lebensart und Kenntnisse"[3]) erinnert. Hier pflegt er
die Höflichkeit[4]) und ermahnt zur Kenntnis der Welt
und zum Verkehr mit der Gesellschaft,[5]) während er
doch in Émile jene eine „äffische Kunst" nennt und diesen auf
jede Weise zu entrinnen sucht. Auch in den Unterrichtsgegen-
ständen hat er sich dort eng an Locke angeschlossen.

Wäre Rousseau auf diesem Punkte seiner Entwicklung
stehen geblieben, so dürfte man ihn wohl mit Recht als Pla-
giator behandeln, wie es Joseph Cajot seiner Zeit gethan hat.[6])
Aber wie wir gesehen haben, ist Rousseau über diesen ersten
Standpunkt weit hinaus gegangen, und diese Anhängerschaft an
Locke war nur eine Stufe in seiner Entwicklung.

In seiner Ansicht von der Möglichkeit und Notwendigkeit der Erziehung hat sich Rousseau nicht weit von
Locke entfernt. Beide stimmen darin überein, dass die Erziehung
möglich ist, und, obgleich im Widerspruch zu seiner Auffassung
der Natur, betrachtet Rousseau, gleich wie Locke, die Erziehung
auch als notwendig. Denn durch sie allein kann jene seine
Reform ins Werk gesetzt werden, welche das ganze Menschen-
geschlecht umgestalten und den Eingriffen der Civilisation eine
Schranke entgegensetzen will. Jedoch hat Rousseau der Möglichkeit wie auch der Notwendigkeit der Erziehung, mit mehr
Nachdruck als Locke, die natürliche Entwicklung als Grenze
gesetzt.

Was das Ziel der Erziehung betrifft, so steht Rousseau zwar
soweit unter Lockes Einfluss, als er die extremen Forderungen,

---

[1]) S. 296.
[2]) S. 299, 302, 308.
[3]) S. 299. Vgl. Thoughts § 134.
[4]) Tome V (Projet), S. 303.
[5]) S. 302.
[6]) Les Plagiats de J.-J. R. de Genève sur l'éducation, 1778.

zu denen ihn seine Auffassung der Natur und der Gesellschaft geführt haben würde, etwas mildert, aber immerhin steht er in dieser Frage auf eigenen Füssen und hat sogar Lockes Lehre eine höchst wichtige und sinnreiche Berichtigung und Ergänzung gegeben. Die Sittlichkeitslehre Lockes führte zu einer abgesonderten Betrachtung des einzelnen Menschen, von dem Individuum schliesst man auf die ganze Menschheit. Rousseau dagegen, der in den angeborenen Prinzipien der Sympathie und der harmonischen Ordnung eine Wesenseigentümlichkeit des Menschen sieht, behandelt ihn nicht als Einzelwesen, sondern in erster Linie als Glied des Menschengeschlechts. Die Tugend, welcher Locke nachstrebt, ist die eines sittlichen und nützlichen Glieds der Gesellschaft; sein Ideal ist ein tugendhafter Edelmann. Rousseaus höchstes Ziel ist der Mensch als Mensch, und sein Ideal einfach der vollkommene Mensch, der geeignet ist alle von dem Menschen geforderten Pflichten zu erfüllen, und die jedem Menschen angebornen Ideale zu verwirklichen.

Lockes Hauptverdienst war also, zum Ziel seiner Erziehung die Charakterbildung gemacht zu haben, — Rousseaus Verdienst, dass er dieses Ziel zu einem universellen erhob. Locke wollte eine Reform der Erziehung, — Rousseau bezweckte durch eine Reform der Erziehung eine Erziehung des Menschengeschlechts.

In der Frage nach der Gemeinschaft, in welcher die Erziehung stattfinden soll, stimmen sowohl Rousseau als Locke für die Hofmeistererziehung. Jedoch wäre es unbillig, zu denken, dass Rousseau hierin blos Locke gefolgt sei. Wie wir gesehen haben, war diese Einzelnerziehung keineswegs notwendigerweise ein Punkt in Lockes Programm, vielmehr verzichtet er nur deshalb auf die aus der gemeinsamen Erziehung entspringenden Vorteile, weil die Schule so durchaus von den seinen verschiedene Ziele und Ideale verfolgt. Dagegen lässt Rousseau seine Philosophie schlechterdings keine andere Wahl als individuelle Erziehung, und hauptsächlich sein Verdienst ist es, der modernen Pädagogik dadurch, dass er die Bedeutung und Notwendigkeit einer Berücksichtigung der Individualität klar darlegt, für die Individualisirung bei der

In Bezug auf die Methode der Verwirklichung ihrer Zwecke, stimmen beide Philosophen darin überein, dass sie gemäss den Lehren ihrer Philosophie, Selbstthätigkeit, Selbsterfahren und Selbsterfinden zu ihren Fundamental-Forderungen machen. Beide treten den bestehenden Systemen entgegen und verlangen, dass das Wissen nicht als eine tote Masse von Worten und Fakten dem Kinde mitgeteilt, sondern als Erfahrung von ihm erlangt und erlebt werde.

Da indessen beider Anschauungen von der Natur und von der Ideenbildung sehr auseinander gehen, so unterscheiden sie sich auch sehr in der Anwendung ihrer Methoden. Lockes Vorschrift war, die Natur zu leiten, zu lenken und im Notfall auch in ihren Gang einzugreifen. Rousseau erlaubt es, die Natur zu leiten, aber nur soweit dies sich mit seiner Lehre verträgt, dass Einmischung in den Lauf der Natur, Einmischung in etwas ursprünglich ganz vollkommenes bedeute.

Da, wie wir gesehen haben, Rousseaus Ansicht von der Vollkommenheit der Natur unhaltbar ist, so sind Lockes Vorschriften in der Regel praktisch eher durchführbar als die Rousseaus. In seinem bitteren Hass gegen Unnatur und seiner Begeisterung für die Natur bringt Rousseau oft den gesunden Menschenverstand dem Enthusiasmus zum Opfer; aber gerade durch die Ueberschwänglichkeit seiner „negativen" Methode hat er die Welt auf die neuen Ideen aufmerksam gemacht und sie überzeugt, dass die beste Methode nicht die sei, welche Kenntnisse mitteile, sondern die, welche den Geist des Kindes für diese Kenntnisse vorbereite, und ferner, dass an die Stelle der mechanischen Dressur der Schule eine harmonische Ausbildung aller Anlagen treten müsse.

Lockes grosses Verdienst in diesem besonderen Punkte liegt darin, dass er seine Methode seinen psychologischen Forschungen angepasst hat. Rousseaus That aber war es, nicht nur die Welt durch seinen revolutionären Geist für solche Ideen empfänglich gemacht, sondern auch durch seine Untersuchung der Naturgemässheit einer jeglichen vorgeschlagenen Massregel die psychologischen Forschungen seiner Zeit bedeutend gefördert zu haben.

Mittel zur Erziehung betrifft, gehört das Hauptverdienst hierin Locke an, und hier ist sein Einfluss auf Rousseau besonders offenkundig. Wenn Rousseau bei der Aufstellung seiner Massregeln die logischen Konsequenzen seiner Idee von der Natur und der Hinlänglichkeit der natürlichen Entwicklung bis zu Ende verfolgt hätte, würde er es dem Gesetz der Naturgemässheit widersprechend gefunden haben, diese Triebe unseren eigenen Zwecken dienstbar zu machen. Sein Prinzip würde logischerweise das Unterlassen jeglicher Einmischung oder höchstens die einfache Förderung der natürlichen Entwicklung aller Anlagen fordern. Jedoch gibt Rousseau, wie wir gesehen haben, unter Lockes Einfluss, einen beschränkten Gebrauch dieser Triebe zu. Wenn also auch Rousseau durch sein negierendes Verhalten einigen von Lockes Massregeln die notwendige Einschränkung und Berichtigung gegeben hat, so fällt doch das Hauptverdienst in dieser Frage Locke zu. In diesem Punkte wurzelt der tiefinnere Zusammenhang zwischen seiner Pädagogik und seiner Philosophie, und daher liegt hier der triebkräftige Kern seines ganzen Erziehungssystems. Hier zeigt er, wie jene geistigen Kräfte und natürlichen Triebe, die er in seinem „Versuch" aufgedeckt hat, mit dem grössten Vorteil für Erziehungszwecke verwendet werden können. Diesem Grundzug seines Systems ist es zu verdanken, wenn beinahe zwei Jahrhunderte später Herbart sagen konnte: „Von der Pädagogik dürfen wir meines Erachtens die günstige Ansicht fassen, dass sie seit Locke in beständigem Fortschreiten, wenn auch nicht auf ganz geradem Wege, begriffen ist."[*)]

In der physischen Erziehung war es Lockes Verdienst, zuerst auf die Notwendigkeit einer systematischen Durchführung derselben und auf ihre Bedeutung als Vorbereitung für die geistige Entwicklung hingewiesen zu haben; und Rousseau ist, wie er selbst zugibt, in den meisten seiner diesen Punkt betreffenden Vorschläge Locke gefolgt. Trotzdem ist ihm auch hier nicht alle Originalität abzusprechen. Obgleich ein Schüler Lockes hat er in Lockes Massregeln genug eigenes hineinge-

---

*) Briefe über die Anwendung der Psychologie auf die Päd. Päd. Schr. II, S. 150. Vgl. Drobisch, Locke der Vorläufer Kants.

tragen, um eine selbstständige Stellung beanspruchen zu können.
Er hat, wie wir gesehen haben, trotz seiner Uebertreibungen,
nicht selten Locke vervollständigt und verbessert. Er weist
z. B. mit einem Nachdruck, den wir bei Locke vermissen, darauf hin, wie abhängig der Geist vom Körper ist, und wie deshalb die physische Erziehung eine durchaus unerlässliche Vorbedingung aller geistigen Bildung ausmacht. Ferner zeigt er
noch ausführlicher als sein Vorgänger, wie Geist und Körper
h a r m o n i s c h auszubilden sind, so dass der eine den anderen
ergänzt und stützt. Die erwünschte allgemeine Reform der
Erziehung lässt deshalb Rousseau mit der des Körpers beginnen,
der schon von Geburt an auszubilden ist.

Ferner hat Rousseau, wenn er auch bei Locke Anknüpfungs-
punkte vorgefunden, seine Selbstständigkeit gezeigt, wie oben
dargethan worden, in seinen Vorschriften für die s y s t e m a -
t i s c h e A u s b i l d u n g d e r S i n n e , und damit hat er der
Pädagogik ein völlig neues Gebiet eröffnet. Locke hatte die
Anschauungsmethode gefordert. Dieser gab Rousseau e i n e
w i s s e n s c h a f t l i c h e G r u n d l a g e durch die A u s b i l d u n g
i h r e r V e r m i t t l e r , d e r S i n n e . Das allein würde genügen,
Rousseau eine selbstständige Bedeutung in der Entwicklung der
physischen Erziehung zu sichern.

Bei der negierenden Haltung, welche die Vorschriften für
die i n t e l l e k t u e l l e Erziehung im „Émile" denen in den „Gedanken" gegenüber einnehmen, ist der Einfluss Lockes auf den
ersten Blick nicht wahrnehmbar; trotzdem ist Rousseau, wie
gezeigt, mit Locke betreffs der Hauptpunkte des Plans für die
intellektuelle Erziehung in Uebereinstimmung und hat diese nur
seinem Naturkind angepasst. Beide betrachten in gleicher Weise
die intellektuelle Erziehung des Kindes eher als eine Entwicklung des Könnens als des Wissens. Dieses erklären beide als
den wenigst wichtigen Teil der Erziehung und betonen dabei
den Realismus im Gegensatz zu dem damals auf den Schulen
herrschenden Formalismus und Verbalismus. Beide stimmen
ferner darin überein, dass sie B e r ü c k s i c h t i g u n g d e r I n -
d i v i d u a l i t ä t , A n s c h a u l i c h k e i t d e s U n t e r r i c h t s u n d V e r -
s t ä n d n i s d e s D a r g e b o t e n e n betonen und fordern.

Aber auch in diesen Punkten ist Rousseau nicht bei Locke stehen geblieben. Hier ist es Rousseaus Verdienst gezeigt zu haben, wie wichtig es ist, die ganze Erziehung den natürlichen Forderungen und der natürlichen Entwicklung des Kindes anzupassen, wobei er zugleich die Notwendigkeit symmetrischer und allseitiger Bildung betont und damit einem der Hauptmängel des Locke'schen Systems abhilft.

Auch in der Wahl der Lehrgegenstände kann Rousseau auf Originalität Anspruch machen. Lockes Prinzip war, und darin lag zugleich sein Grundfehler, Utilität; diese setzt einen zukünftigen Beruf voraus, so dass also bei ihm die intellektuelle Erziehung eine Neigung dazu hat, Berufsbildung zu werden. Mit Recht hat dagegen Rousseau zu seinem Kriterium bei der Auswahl der Lehrgegenstände deren Bildungsfähigkeit gemacht, eine wichtige und dauernde Bereicherung der Pädagogik.

Vielleicht im schärfsten Gegensatz zu einander stehen Rousseaus und Lockes Lehre und Praxis in den Fragen der moralischen Erziehung. Uebereinstimmend bezeichnen beide die Charakterbildung als das höchste Ziel der Erziehung. Indessen betrachtet Locke die Sittlichkeit als etwas, das nicht bereits im Kinde vorhanden ist, sondern ihm eingepflanzt werden muss. Seine Vorschriften sind daher positiver und eingreifender Art. Dem Kinde muss die Sittlichkeit gelehrt werden, durch Lob und Tadel, Beispiele, Angewöhnung, und durch die Benutzung der Naturtriebe.

Dagegen existieren nach Rousseau alle moralischen Prinzipien „in ovo" in dem Kinde, und jenes von Locke vorgeschlagene positive Eingreifen ist nicht blos unnötig, sondern sogar störend. So stellt Locke den Unterricht in der Religion, welche er zur Stütze seines Moralsystems für notwendig hielt, an den Anfang der erziehlichen Thätigkeit und gründet darauf seine moralischen Unterweisungen. Bei Rousseau kommt dieser Gegenstand an das Ende des Erziehungskurses und dann als eine nicht gerade notwendige Bestätigung und Bestärkung oder Bereicherung des bisher gebotenen.

Da ferner auch die öffentliche Meinung eine starke Stütze für Lockes System ist, so macht er die Gesellschaft und ihr Urteil zu einem wesentlichen Faktor seiner moralischen Erziehung und unterrichtet das Kind ausführlich in den Pflichten, die es der Gesellschaft schuldig ist. Rousseau dagegen verwirft, wie wir gesehen haben, in ausgesprochenem Gegensatz zu seinem Vorgänger, die Gesellschaft, und bestärkt das Kind in seinem Glauben, dass seine einzigen Pflichten die Pflichten gegen sich selbst sind.

Dies ist der Grundfehler des Rousseau'schen Systems, zu dem er durch seine überspannte Idee von der Natur geführt wurde. In seinem erdichteten Naturzustand wäre, dies liegt am Tage, das Entstehen und Ausüben der Tugend unmöglich. Mit den socialen Beziehungen ergeben sich erst die einigenden Motive, die thätige Menschenliebe und die positive Pflicht. Rousseaus ethisches Ziel wäre also unter den von ihm vorausgesetzten Bedingungen nicht zu erreichen.

Der Umstand, dass er mit Rousseaus Idee von der Natur nicht übereinstimmen konnte, veranlasste später Kant nach sorgfältigem Studium des „Émile", von dem „noch unentdeckten Geheimnis der Erziehung" zu sprechen. *)

Immerhin hat sich Rousseau grosse Verdienste um die moralische Erziehung dadurch erworben, dass er die Bedeutung der ästhetischen Ausbildung für die Erziehung des Kindes erkannt und gelehrt und darauf hingewiesen hat, wie eng guter Geschmack und rechte Moral verknüpft sind. Dieses Καλὸν κἀγαθόν hatte Lockes Utilitätsprinzip übersehen.

In seiner Erziehungslehre ist Rousseau von Locke in tiefgehender Weise beeinflusst worden und hat sich ihm eng angeschlossen. Aber obgleich Lockes „Versuch über den menschlichen Verstand" und seine „Gedanken über Erziehung" die notwendige Grundlage zum „Émile" gebildet haben, so war doch Rousseau auch hier in hohem Grade selbstständig. Es war, wie wir gesehen haben, in Lockes System vieles zu berichtigen, einiges zu widerlegen, Lücken auszufüllen und das

*) Kuno Fischer, Im. Kant und seine Lehre, 3. Aufl. 1889, S. 228.

Ganze zu vervollständigen und zu beleben. Dies war die Aufgabe, die Rousseau vorfand, und zu deren Lösung er viel beigetragen hat. Auch die Widersprüche und Absurditäten des „Émile hatten ihren Nutzen, insofern sie die Aufmerksamkeit auf die neu aufgeworfenen Fragen lenkten und zur Forschung anregten. So nimmt denn Rousseau neben Locke eine selbstständige Stellung in der Entwicklung der Pädagogik ein. Locke war der Grundleger und Bahnbrecher, Rousseau der Ergänzer und Verkünder.